Jan Mayer
Wenn's drauf ankommt

W0110453

Jan Mayer

WENN'S DRAUF ANKOMMT

*Schnell denken –
maximale Leistung abrufen –
Stresssituationen meistern*

Bibliografische Information der Deutschen Bibliothek

Die Deutsche Bibliothek verzeichnet diese Publikation in der Deutschen Nationalbibliografie; detaillierte bibliografische Daten sind im Internet unter http://dnb.ddb.de abrufbar.

Verlagsgruppe Random House FSC® N001967

2. Auflage
© 2018 Ariston Verlag in der Verlagsgruppe Random House GmbH,
Neumarkter Straße 28, 81673 München
Alle Rechte vorbehalten

Redaktion: Dr. Henning Thies
Beratung: Stefan Linde

Umschlaggestaltung: Hauptmann & Kompanie Werbeagentur, Zürich
Satz: Satzwerk Huber, Germering
Druck und Bindung: CPI books GmbH, Leck
Printed in the Czech Republic
ISBN: 978-3-424-20180-2

Inhalt

Erster Teil
Worum geht's?

Es ist ein in der Praxis immer mal wieder vorkommendes, psychologisch äußerst interessantes Phänomen, dass Spitzensportler mit allerhöchstem Leistungsvermögen, die bei Weltmeisterschaften und Olympischen Spielen um Titel kämpfen, es dennoch manchmal nicht schaffen, im entscheidenden Wettkampf ihre Leistung maximal abzurufen. Sie erreichen nicht ihr verfügbares Potenzial, obwohl noch im letzten Training die absolute Topleistung verfügbar war und sie auch in vorangegangenen Wettkämpfen in der Lage waren, ihr Leistungsmaximum zu erreichen.

Schonungslos offen berichtet beispielsweise Fabian Hambüchen in seinem Buch *Den Absprung wagen. Stürzen, aufstehen, siegen lernen,* wie er als Topfavorit zu den Olympischen Spielen nach Peking reiste und weit hinter den Erwartungen (eben auch den eigenen) zurückbleiben musste: »Nach den Spaß-Spielen von Athen hatte ich in Peking Frust-Spiele erlebt. Mein persönliches Drama in drei Akten: Absturz im Mannschaftsfinale, Patzer im Mehrkampffinale und Versagen im Reckfinale. ... Das Peking-Trauma blieb tatsächlich. Es verfolgte mich sieben lange Jahre und 363 Tage.«[1]

Verwunderlich ist zudem, dass die Sportler in der Regel top vorbereitet sind und bereits mehrfach im Training und in Qualifikationswettkämpfen gezeigt hatten, dass sie es können. Allerdings geht es im Spitzensport gar nicht so sehr darum, ob man eine bestimmte Leistung erreichen *kann*, sondern darum, ob man sie auch dann zeigen kann, wenn es drauf ankommt. Wenn es wichtig ist. Und vielleicht lockt ja bei wichtigen sportlichen Wettkämpfen gerade diese Frage die Zuschauer vor den Bildschirm: Hat er die Nerven? Verwandelt er den Elfmeter? Eine ganze Nation zittert, obwohl die Aufgabe, einen Fußball aus 11 Meter Entfernung in ein Tor von 2,44 Meter Höhe und 7,32 Meter Breite zu schießen – zumal der Torhüter auf der Torlinie zwischen den Pfosten bleiben muss, bis der Ball getreten wurde –, für einen professionellen Fußballspieler als nicht besonders schwer einzustufen wäre. Warum ist das dann doch so schwierig? Warum ist es schwierig, 100 Meter maximal schnell zu sprinten? Die Läufer wissen, wie schnell sie laufen können, kennen ihre jeweiligen Bestzeiten und müssen doch eigentlich nur laufen – eben so schnell wie möglich.

Und warum kennen wir das auch aus so vielen anderen Situationen in unserer Gesellschaft? Ständig kommen wir in Anforderungssituationen, in denen wir etwas leisten müssen, das wir zweifellos können, das aber jetzt, in dieser Situation, schwerfällt. Ein Redebeitrag im Meeting mit dem Chef, eine Ansprache bei dem großen Familienfest, die Vorführung vor Bekannten, die Argumentation bei einem wichtigen Kunden – jeder kennt solche Situationen. Man hat einen Heidenrespekt davor. Denn häufig sind Konsequenzen zu erwarten, der Zeitpunkt ist nicht frei wählbar, der eigene Anspruch hoch, man möchte natürlich so gut wie möglich sein und hat auch nur diese eine Chance.[2] Und schon wird's schwierig. Obwohl man alles kann, gut geübt und trainiert hat und obwohl es gerade vorhin bei der letzten Generalprobe noch perfekt funktioniert hat.

Dieses Buch will zunächst erklären, warum wir in solchen Situationen, wenn's drauf ankommt, anders funktionieren als sonst, und schließlich wissenschaftlich fundierte, in der langjährigen sportpsychologischen Praxis bewährte Strategien vorstellen, die dabei helfen, dass es gelingen kann, im Wettkampf die erwartete Leistung abzuliefern, die PS auf die Straße zu bringen oder unter Druck zu funktionieren.

Es gehört zu den wesentlichen Aufgaben eines Sportpsychologen im Spitzensport, Fertigkeiten im Umgang mit Drucksituationen zu vermitteln und den Sportler anzuleiten, diese zu trainieren.

Zunächst befassen wir uns mit den beiden zentralen Herausforderungen im Spitzensport, mit denen wir allerdings auch im Alltag und in unserer Gesellschaft konfrontiert sind:

a) Leistung zu erbringen, wenn's drauf ankommt, und
b) diese Leistung – wie es von vielen von uns erwartet wird – nicht nur einmal, sondern kontinuierlich zu erbringen.

Kapitel 1
Leistung, wenn's drauf ankommt – und das immer wieder

Mit den Themen und Methoden der Sportpsychologie konfrontiert, erklärte ein Mitglied des deutschen Damen-Nationalteams im alpinen Skisport, verständnislos den Kopf schüttelnd, lapidar: »Im Wettkampf ist alles anders, das kann man nicht trainieren!«[3] Zuvor war dem Team erklärt worden, das Ziel des sportpsychologischen Trainings bestehe darin, dass man seine Leistung, wenn es drauf ankomme – nämlich zum definierten Zeitpunkt – auch abrufen könne. Was im Training möglich sei, solle man möglichst auch unter Wettkampfbedingungen leisten können.

Doch ist im Wettkampf wirklich alles anders als im Training, wie diese Skifahrerin behauptete? Natürlich nicht, denn die relevanten Dinge (die Ski, der Untergrund, die geforderte Technik etc.) sind weitestgehend identisch mit den Gegebenheiten in der Trainingssituation. Die sportliche Aufgabe ist die gleiche, nur deswegen macht das tägliche Training überhaupt Sinn. Dennoch wird der Wettkampf von der Skifahrerin als etwas völlig anderes erlebt. Der Schlüssel liegt in der Aufmerksamkeit. Im Training sind die Situation und Umgebung vertraut, und selbst bei einem misslungenen Lauf ist nicht mit dramatischen Konsequenzen zu rechnen. Die Skifahrerin kann ihre ganze Aufmerksamkeit auf das Relevante richten, auf die Tore, die Schneeverhältnisse, ihre Technik. Im Wettkampf dagegen lenken oft Störfaktoren wie Medien, Zuschauer und Fans von der eigentlichen Aufgabe ab. Die Aufmerksamkeit wird auf irrelevante Dinge gerichtet, zum Beispiel auf die Reaktion der Zuschauer oder Pressevertreter. Auch wenn die sportlichen Anforderungen im Training wie im Wettkampf die gleichen sind, führt die gedankliche Beschäftigung mit anderen Dingen dazu, dass der Wettkampf als etwas völlig anderes erlebt wird. Dies kann zu fatalen Leistungseinbußen führen.[4]

Man kennt das auch aus dem Alltag: Das Singen unter der Dusche ist keine mentale Herausforderung, vor dem Kollegium zu singen allerdings schon. Auch ganz banale Tätigkeiten, etwa das Gehen auf einem einen Meter breiten Gehweg, sind normalerweise kein Problem. Stellt man sich allerdings vor, auf einem einen Meter breiten Grat mit tiefen Abgründen links und rechts gehen zu müssen, wird dies zu einer angsteinflößenden und lähmenden Aufgabe.

Das Phänomen, dass die gleiche Aufgabe unter verschiedenen Rahmenbedingungen als etwas völlig Unterschiedliches wahrgenommen wird, ist bereits in der antiken Philosophie beschrieben worden. Auf den Griechen Epiktet (50–138 n. Chr.), einen Vertreter der stoischen Philosophie, geht der Satz zurück: »Es sind nicht die Dinge, die uns beunruhigen, sondern unsere Sicht der Dinge.« Die Herausforderung »Wenn's drauf ankommt« ist anscheinend eine Schwierigkeit, die schon sehr lange mit dem menschlichen Verhalten in Verbindung gebracht wird.

Für das Bestehen in einer Anforderungssituation ist also relevant, worauf die Aufmerksamkeit gelenkt wird und wie man das Wahrgenommene interpretiert und bewertet. Es ist eine mentale Herausforderung, die Aufmerksamkeit situationsangemessen optimal auszurichten. In der Situation des Wettkampfs gilt es, die Wahrnehmung auf jene Dinge zu fokussieren, die gleich bleiben und die mit der zu erledigenden

Aufgabe zu tun haben. Doch mit der Wahrnehmung ist das so eine Sache. Bedeutet Wahrnehmung tatsächlich das Erfassen einer objektiven Wirklichkeit? Ist das, was wir von der Umwelt wahrnehmen, also sehen, hören, fühlen und riechen, tatsächlich die Wirklichkeit? An dieser Stelle helfen zum besseren Verständnis ein paar Grundlagen aus der Erkenntnistheorie.

Der Erkenntnistheoretiker Heinz von Foerster, ein Vertreter des radikalen Konstruktivismus, hat den Satz formuliert: »Wahrheit ist die Erfindung eines Lügners!«[5] Nach der konstruktivistischen Philosophie ist Erkenntnis keine Abbildung einer objektiven Wirklichkeit, sondern eine Konstruktion, bei der etwas entsteht, das wir als Wirklichkeit akzeptieren.[6] Wir haben gelernt, wie bestimmte Wahrnehmungen zu interpretieren sind, auch weil andere Menschen die Umwelt scheinbar genauso oder ganz ähnlich wahrnehmen wie wir. Wirklichkeit ist allerdings nicht vom Beobachter zu trennen.[7]

Das widerspricht der verbreiteten Vorstellung, dass die Augen, Ohren und Fingerkuppen die materielle Welt passiv wahrnehmen und so wiedergeben, wie sie ist (Erkenntnistheorie des Realismus).[8] Dass dem nicht so ist, erkennt man bereits, wenn man sich mit der optischen Wahrnehmung des Menschen befasst. Denn beim Öffnen der Augenlider wird nicht etwa eine Art »Rollo« hochgezogen, um die Wirklichkeit zu erfassen. Aus der menschlichen Anatomie und Physiologie ist vielmehr bekannt, dass unsere Augen kein objektiv gegebenes Bild, sondern zwei leicht versetzte Bilder erstellen. Diese werden vom linken und vom rechten Auge erzeugt – die Voraussetzung für räumliches Sehen. Beide Bilder sind jeweils mit einem blinden Fleck versehen (die Stelle, an der der Sehnerv das Auge verlässt; hier sind keine Rezeptorzellen vorhanden) und werden »auf dem Kopf stehend« auf die Netzhaut (Retina) projiziert.[9] Tatsächlich erfassen wir mit unseren Augen also zwei leicht versetzte Bilder, die auf dem Kopf stehen und in der Mitte ein Loch haben. Unser Gehirn konstruiert daraus ein harmonisches Bild der Welt um uns herum, welches wir für die Wirklichkeit halten. Dass unser Gehirn ein solches Bild konstruieren kann, basiert auf besonderen Fähigkeiten des Wahrnehmungssystems. Genetische Voraussetzungen in Verbindung mit langfristig und damit stabil angelegten Lern- und Erfahrungsprozessen haben diese Fähigkeit entwickelt. Der Wahrnehmungsleistung liegen somit Informationen zugrunde, die unser Gehirn bereits in der Vergangenheit als sinnvoll gespeichert hat.

Viele Beispiele von optischen Illusionen basieren auf diesem Phänomen, zum Beispiel die sogenannte Müller-Lyer-Täuschung (Abb. 1).[10] Aufgrund von stabilen Erfahrungen des dreidimensionalen Sehens wird hier die mittlere Linie deutlich länger wahrgenommen, wenn die Pfeilspitzen nach innen zeigen.

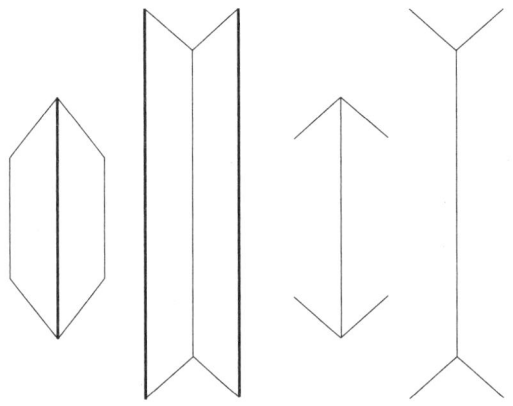

Abb. 1: Müller-Lyer-Illusion

In den seltensten Fällen hinterfragen wir unsere gespeicherten Erfahrungen. Normalerweise passt unsere Wahrnehmung ja auch zu der Wahrnehmung anderer. Konstruktivisten nennen dies Trivialisierung – in der Erziehung und in den pädagogischen Einrichtungen der Gesellschaft wird einem beigebracht, wie man bestimmte Dinge wahrzunehmen hat.[11] Kann man sich also sicher sein, dass man die Dinge genau so wahrnimmt wie eine andere Person? Solange man sich einig ist, spielt die Antwort keine Rolle. Denn Wahrheit ist ein sozialer Konsens.

Gleichwohl hält jeder Mensch seine eigene Wahrnehmung für die Wirklichkeit. Insofern ist Wahrnehmung immer ein individueller konstruktivistischer Prozess, und dementsprechend ist es – gerade in Anforderungssituationen – relevant, sich mit den Möglichkeiten, aber auch den Einschränkungen der eigenen Wahrnehmung auszukennen und die eigene Wahrnehmung adäquat zu interpretieren: Im Wettkampf ist eben doch nicht alles anders!

Die Wahrnehmung und Interpretation von Wettkampfsituationen verändert sich nochmals gravierend, wenn man bereits erfolgreich war und nun vor der Herausforderung steht, kontinuierlich erfolgreich zu sein. Auch das ist für viele von uns alltägliche Realität. Es reicht bei Weitem nicht aus, einmal erfolgreich zu sein. Es ist völlig normal, dass von uns erwartet wird, auch weiterhin mindestens genauso erfolgreich zu sein. Häufig resultiert also aus erfolgreichem Handeln auch die Erwartung – von einem selbst, der Umwelt, zum Beispiel Vorgesetzten, Freunden und Bekannten oder dem engsten Familienkreis –, diese individuelle Bestmarke erneut einzustellen oder gar zu überbieten.

Letztlich ist es gerade das, was den Sport so reizvoll und spannend für den Zuschauer macht. Es gibt den Favoriten, gewöhnlich denjenigen, der die aktuelle Bestmarke hält, und es gibt die Herausforderer, gegen die sich der Favorit erneut durchsetzen muss. Interessanterweise ist es für viele dominierende Favoriten auch so, dass ihnen der erneute Erfolg von den Zuschauern nicht gegönnt wird und deshalb der Gegner und Herausforderer angefeuert wird.

Es ist sehr viel schwieriger, kontinuierlich erfolgreich zu sein, als nur einmal der Beste gewesen zu sein. Und es gibt in der Tat viele Beispiele dafür, dass der plötzliche, einmalige Erfolg vergleichsweise gar nicht so schwer ist, ja manchmal fast unbeabsichtigt passiert.

Georg Hettich war zu seiner aktiven Zeit ein erfolgreicher Wintersportler. In der Sportart Nordische Kombination (bestehend aus Skisprung und Skilanglauf) war er lange Jahre Mitglied der Nationalmannschaft. Ihm war es jedoch niemals gelungen, einen Weltcupwettbewerb zu gewinnen. Bis zu den Olympischen Spielen 2006 in Turin. Als er hier überraschend die Goldmedaille gewann, sagte er unmittelbar danach in die Fernsehkameras: »Olympiasieger – ich dachte, das gibt es nur im Fernsehen, jetzt bin ich selber einer.«[12] Er war von seinem guten Ergebnis sichtlich überrascht, denn er war gar nicht mit der Absicht zu den Olympischen Spielen gereist, dort die Goldmedaille zu gewinnen. Auch nach den Olympischen Spielen konnte er keinen weiteren Weltcup mehr gewinnen. Aber er hat mittlerweile erfolgreich ein Studium absolviert und promoviert.[13]

Solche Ereignisse kann man immer wieder beobachten: Eine Skifahrerin fährt beim Riesenslalom durchs Ziel, sieht die Platzierung »1« an der Anzeigewand aufleuchten und zieht die Schultern hoch, als wäre es keine Absicht gewesen. Und

Athleten, die einmalig etwas Herausragendes geleistet haben, sind häufig mit sich unzufrieden, wenn es ihnen nicht gelingt, diese Leistung zu bestätigen. Von Medien werden diese Leistungen dann auch als »One Hit Wonder« abgetan und der Erfolg dann nicht mit der eigentlichen Leistung des Sportlers erklärt, sondern auf externe Ursachen wie Glück oder günstige Umstände zurückgeführt (weil zum Beispiel die Favoriten zum Zeitpunkt des Wettkampfes nicht in Topform waren).

Der erreichte Erfolg führt zu Erwartungen, wieder erfolgreich zu sein – Erwartungen von außen (zum Beispiel Medien und Öffentlichkeit), aber auch von den Athleten selbst. Viele Sportler erleben diese Erwartungshaltung als unglaublichen Druck und mentale Beanspruchung. Der Skispringer Sven Hannawald beschreibt in seiner Biografie mit dem Titel *Mein Höhenflug, mein Absturz, meine Landung im Leben* (2013), wie er den Triumph bei der Vierschanzentournee 2001/02 erlebte – es gelang ihm als erstem Springer überhaupt, alle vier Springen zu gewinnen – und wie ihn danach der Erwartungsdruck zu überfordern begann, was letztlich sogar zu einem Erschöpfungssyndrom (Burn-out) führte und psychotherapeutische Behandlung erforderlich machte.

Dennoch gibt es auch die Sportler, die über viele Jahre hinweg die Szene in einer bestimmten Sportart dominieren und die es – wie man sieht – irgendwie doch hinbekommen, ihre Leistung permanent auf höchstem Niveau abzurufen. Es gibt fast keine Sportart, in der Weltklasseathleten nicht vor allem deshalb besonders bewundert werden und Legendenstatus erhalten: etwa Dirk Nowitzki (Basketball), Steffi Graf (Tennis), Michael Schumacher (Formel 1), Birgit Fischer (Kanu) oder Timo Boll (Tischtennis), um nur ein paar Namen deutscher Sportler zu nennen.

Wie gelingt das: auf höchstem Niveau mit unglaublicher (interner und externer) Erwartungshaltung immer wieder abzuliefern und die Leistung zu bestätigen? Natürlich ist ein bestimmtes Talent Voraussetzung, aber auch großer Trainingseifer und körperliche Topform, verbunden mit dem Glück, von Verletzungen weitestgehend verschont geblieben zu sein. Aber in den Momenten, wenn's drauf ankommt, sind es mentale Prozesse, die den Unterschied ausmachen zwischen denjenigen, die abliefern können, und denjenigen, die scheitern. Nur: Welche mentalen Prozesse machen denn den Unterschied?

Interessanterweise sind es nicht fehlender Wille oder mangelnde Bereitschaft, sich besonders anzustrengen. Ein häufiger Grund für das Scheitern in wichtigen Wettkampfsituationen ist: es zu sehr zu *wollen*, es zu gut machen zu *wollen*, es besonders gut machen zu *wollen*. Man steht sich dann mit seinem Willen selbst im Weg und stört die durch langjähriges Training fein aufeinander abgestimmten Bewegungsabläufe.

Asafa Powell gilt als der »ungekrönte Sprinter-Held«. Obwohl er in den Jahren 2005 bis 2007 mehrfach den Weltrekord im Hundertmeterlauf verbesserte, gelang es ihm nie, bei einer Weltmeisterschaft oder bei Olympischen Spielen zu gewinnen. In einer Fernsehdokumentation wurde untersucht, weshalb es Asafa Powell nicht möglich war, bei einem Großereignis seine Bestleistung erneut abzurufen.[14] Zur Beantwortung der Frage wurden mithilfe von Messungen der Muskelaktivität die Weltrekordläufe und ein Lauf bei den Weltmeisterschaften miteinander verglichen. Bei seinen Rekordläufen wurde eine perfekte intermuskuläre Koordination der Beinmuskulatur beobachtet: Anspannung und Entspannung von Beuger und Strecker waren zeitlich präzise aufeinander abgestimmt – eine automatisierte Bewegung, die bei einem Sprinter unterbewusst und intuitiv abläuft. Bei dem Weltmeisterschaftslauf versuchte Asafa Powell jedoch, bewusst in diese automatisierte Bewegung einzugreifen. Mit seinem unbedingten Willen, besonders schnell laufen zu wollen, störte er die Feinabstimmung der Bewegungen. Er verkrampfte und verkürzte damit jeden seiner Schritte um bis zu 20 Zentimeter im Vergleich zu seinen Rekordläufen. Bemerkenswert ist seine eigene Analyse dieses Weltmeisterschaftslaufs: »Ich wollte nur so schnell wie möglich sein – und das war der fatale Fehler!«

Es scheint auf den ersten Blick schwer verständlich: Zum Zeitpunkt, wenn's drauf ankommt, darf der Sportler nicht mehr aktiv wollen? Wenn er zu viel will, steht er sich selbst im Weg? Auch im Alltag gilt es doch in entscheidenden Situation, wie beispielsweise der wichtigen Prüfung, dem entscheidenden Vorstellungsgespräch oder der besonderen Ansprache, sich erst recht besonders anzustrengen und es gerade jetzt besonders gut machen zu wollen. Steckt darin nicht ein Widerspruch? Erzählen uns nicht viele erfolgreiche Menschen, dass sie unermüdlich trainiert und gearbeitet und ihr Ziel nie aus den Augen verloren haben? Beides ist richtig, aber alles zu seiner Zeit. Im Training, wenn unzählige Stunden in der Halle oder auf dem Platz verbracht werden, um tausendfach die Bewegungen auf höchstem Niveau zu automatisieren – in dieser Zeit ist es wichtig, hilfreich und antreibend, das große Ziel permanent vor Augen zu haben. Hier hilft der Wille (vgl. Kapitel 6). Im alles entscheidenden Moment – im olympischen Finale oder im Weltmeisterschaftswettkampf – ist der Gedanke an das große Ziel dagegen nicht selten der Grund dafür, dass die maximale Leistung doch nicht abgerufen werden kann.

Fragt man Spitzensportler nach der erfolgreichen Bewälti-gung einer besonders beanspruchenden Situation, so be-kommt man immer wieder Ähnliches zu hören:

- Ein Fußballer, der im entscheidenden Spiel um den Klassenerhalt zweimal einen Elfmeter verwandelt und den erhofften Sieg ermöglicht, antwortet auf die Frage, wie das geht: »Da darfst du nicht denken!«
- Ein Fußballer, der in der letzten Sekunde der Verlän-gerung im Endspiel um die Europameisterschaft einen Freistoß aus über 20 Metern Entfernung in den Win-kel knallt, antwortet auf die Frage, wie das geht: »Es war mir egal – entweder drin oder Oberrang.«
- Ein Schütze, 50 Meter freie Pistole, Sieg im Weltcup, antwortet auf die Frage, wie das geht: »Das geht mit viel Gefühl!«

Nicht selten sehen sich Spitzensportler ihre eigenen beson-deren Aktionen, die den Wettkampf entschieden haben, er-neut auf Video an und fragen sich: Wie habe ich das gemacht? Es war nicht so geplant und willentlich umgesetzt.

Das Geheimnis des Erfolgs liegt darin, auch wenn's drauf ankommt und der Erfolgswille besonders groß ist, nicht ein-zugreifen und die intuitiven Bewegungen zuzulassen.

Die Skispringer fassen dieses »Erfolgsrezept« so zusam-men: »Einen perfekten Sprung kann man nicht planen; er passiert, wenn man es zulässt!«

In Vorbereitung auf die Olympischen Spiele erarbeiten die Sportpsychologen in den jeweiligen Spitzenverbänden mit den nominierten Athleten gezielt das bevorstehende Erleb-nis »Olympische Spiele«. Eine wesentliche Einsicht, die dabei den Athleten vermittelt werden soll, ist mit folgendem Satz beschrieben: »Don't do anything special only because it's Olympics.« Diese Einsicht ist eine grundlegende Voraussetzung, um zu funktionieren und die Leistung im entscheidenden Moment auch abzurufen. Das alleine reicht natürlich nicht aus. Dennoch sei die Kernbotschaft und Einsicht für das weitere Arbeiten am Funktionieren »Wenn's drauf ankommt« hiermit festgehalten:

»Bloß nichts Besonderes machen wollen, wenn es wichtig ist!«

Der Schlüssel zum Erfolg ist es, im entscheidenden Moment loszulassen und auf seine Fähigkeiten und Fertigkeiten zu vertrauen. Um jedoch zu wissen, wie es gelingen kann, im entscheidenden Moment loszulassen, ist es wichtig, dass zunächst die Grundlagen des menschlichen Denkens verstanden werden. Wie funktioniert es eigentlich, das Denken?

Kapitel 2
Denken verstehen: Schnelles und langsames Denken

Wenn es darauf ankommt, gilt es, von seinen Fähigkeiten und Fertigkeiten überzeugt zu sein und loszulassen. Die Einsicht »Alles ist da!« führt zur Überzeugung »Ich muss nichts Besonderes machen!«. Diese Erkenntnis resultiert nicht nur aus der praktischen Erfahrung in der Zusammenarbeit mit Spitzensportlern, sondern es handelt sich um aktuelle neurowissenschaftliche Erkenntnisse zur Funktionsweise unseres Gehirns.

Der Nobelpreisträger Daniel Kahneman unterscheidet zwischen »schnellem Denken«, das unterbewusst abläuft, und »langsamem Denken«, das bewusst gesteuert wird.[15]

Das schnelle, unterbewusste Denken arbeitet

- automatisch,
- intuitiv,
- weitgehend mühelos und
- ohne willentliche Steuerung, somit unterbewusst.

Wenn wir schnell, effizient und ohne nachzudenken handeln, ist schnelles Denken verantwortlich. Wir erleben dies als automatisches, unterbewusstes oder auch intuitives Handeln.

Sie fahren in Ihrem Auto mit 50 Stundenkilometer auf einer Straße in der Stadt. Plötzlich läuft ein Junge einem Ball nach und vor Ihrem Auto auf die Straße. Sie steigen mit voller Kraft aufs Bremspedal, um den Wagen zu stoppen. Das schnelle Denken ist – je nach Erfahrung und aktueller individueller Verfassung – in der Lage, innerhalb von 400 bis zu 150 Millisekunden (ms) nach Auftauchen des Jungen zu reagieren. Und: Auf die Bremse zu treten ist kein einfacher Rückenmarksreflex, sondern es gelingt nur unter Beteiligung des Gehirns. Es setzt das Erkennen des Jungen ebenso voraus wie die Wahl einer Handlungsalternative: stoppen oder ausweichen.[16] Diese komplexe geistige Funktion erledigt das schnelle Denken – unterbewusst.

Wenn das langsame Denken aktiv ist, geht das oftmals mit dem subjektiven Erleben von Kontrolle, Entscheidungsfreiheit und Konzentration einher.

Das langsame, bewusste Denken arbeitet

- rational,
- mühsam,
- bezieht Logik mit ein und
- beansprucht viel Energie.

Das langsame Denken ist unser Verstand, den wir aktiv einsetzen und bemühen können, wenn es uns wichtig erscheint – etwa, wenn etwas Unerwartetes passiert und wir überlegen müssen, was als Nächstes zu tun ist. Das Gehirn versucht so lange wie möglich automatisch zu funktionieren, insbesondere um Energie zu sparen. Aber in einer Welt voller Überraschungen ist das nicht immer möglich.[17]

Das bewusste, langsame Denken unterscheidet den Menschen von anderen Lebewesen und hat sich im Zuge der Evolution entwickelt. Warum? Weil es Vorteile mit sich brachte, jedoch nur, wenn es wohldosiert eingesetzt wird.[18]

Man könnte das schnelle Denken auch als den Autopiloten beschreiben, der uns aufgrund von einschlägiger Erfahrung und langwierigen Lernprozessen durch die Umwelt steuert. Es ist uns in vielen Situationen gar nicht bewusst, wie exakt das Unterbewusste unser Handeln steuert. Zähne putzen, eine Treppe runterrennen, während man redet, ein Glas Wasser einschenken und dieses Glas zum Mund führen … Man müsste sich eigentlich wundern, dass dies alles ohne bewusste Steuerung abläuft. Wenn man den Arm bewegt, bekommt man die Bewegung des Armes zwar mit, ist sich aber noch nicht einmal der Anwesenheit und des Zusammenspiels der Muskeln bewusst, geschweige denn der neuronalen Steuerung.[19]

Die unterbewussten Programme für komplexe Bewegungen laufen zuverlässig ab, zum Beispiel beim Joggen durch den Wald: Die Füße berühren den Boden und heben wieder ab, man weicht präzise herumliegenden Ästen und größeren Steinen aus, man berücksichtigt im Voraus einen größeren Felsen und eine Kreuzung in der Ferne. Mal blickt man auf den Boden und dann wieder nicht. Man achtet nicht auf seine Füße. Aber man kann die Augen nicht schließen, denn die Informationen, die man scheinbar so achtlos aus der sich bewegenden Welt unter einem und um einen herum aufschnappt, sind wichtig.[20] Warum kann man das einfach und warum ist das so normal?

Das Beispiel Fahrschule, also das Lernen, ein Auto zu steuern, führt einem vor Augen, wie dieser Prozess der Automatisierung abläuft. Zunächst erscheint einem das Autofahren sehr schwierig und komplex, denn man geht diese Aufgabe über das bewusste, langsame Denken an. Man muss sich mit drei Pedalen, der Kupplung, dem Straßenverkehr, den Verkehrsschildern und den Anweisungen des Fahrlehrers auseinandersetzen und darauf abgestimmt zurechtkommen. Dies führt zwangsläufig zu einer Überforderung: Entweder würgt man den Motor ab, übersieht ein Verkehrszeichen oder man bekommt die Anweisung des Fahrlehrers nicht mit. Erst mit vielen, vielen Wiederholungen wird man sicherer, und nach vielen Jahren muss man Autofahrer ermahnen, dass sie während der Fahrt nicht ihr Mobiltelefon bedienen oder sich anderweitig ablenken lassen. Das Autofahren geschieht nun völlig unterbewusst. Natürlich wissen wir, dass wir in einem Auto sitzen. Aber das aufeinander abgestimmte Bedienen der Pedale und der Kupplung, des Blinkers und der Lenkbewegungen erfolgt völlig automatisch. Das Bewusstsein ist lediglich dazu da aufzupassen, dass die für das Fahren relevanten Informationen auch wahrgenommen werden können: zum Beispiel die aktuelle Geschwindigkeitsbegrenzung, Verkehrshinweise oder Außergewöhnliches (etwa eine Straßensperrung oder ein alarmierendes Blaulicht vor einem).

Das schnelle Denken steuert allerdings nicht nur unser (motorisches) Verhalten. Das folgende Beispiel verdeutlicht, dass uns das schnelle Denken auch einfache Lösungen für auftretende Probleme liefert und wir diese schnellen, einfachen Lösungen nur zu gerne übernehmen.

Denkaufgabe:[21] Ein Schläger und Ball kosten 1,10 Euro; der Schläger kostet einen Euro mehr als der Ball. Wie viel kostet der Ball? Die Lösung muss natürlich »5 Cent« lauten (der Schläger kostet 1,05 Euro, der Ball 5 Cent). Logisch! Dennoch haben viele Menschen zunächst als Lösung »10 Cent« im Kopf. »10 Cent« erscheint auf den ersten Blick als brauchbare Lösung – und wirklich über das Problem nachzudenken ist anstrengend und kostet Energie. Man gibt sich mit der schnellen Lösung zufrieden. Es scheint nicht erforderlich (oder man ist zu faul), das langsame, bewusste Denken hinzuzuschalten.

Das schnelle Denken erzeugt eine stimmige, kausale Geschichte, indem es bestehendes Wissen kombiniert.[22] Es versucht, die wahrgenommene Situation auf der Basis der vorhandenen Lernerfahrungen zu verstehen. Aufgrund dieser für das schnelle Denken stimmigen Geschichte werden daraufhin Lösungen abgeleitet. Allerdings kann das schnelle Denken keine Informationen berücksichtigen, die es nicht hat. Logik ist irrelevant. Das Erfolgskriterium des schnellen Denkens ist die Kohärenz und Stimmigkeit der Geschichte, die es erschaffen hat. Dabei können unter Umständen viele unterschiedliche stimmige Geschichten miteinander diskutieren und darum ringen, das Verhalten zu kontrollieren.[23]

Es werden im schnellen Denken regelrechte Konflikte ausgefochten, etwa beim ersten Mal auf dem Zehn-Meter-Sprungturm im Freibad. Bei vielen tobt dann ein richtiger Konflikt im Kopf zwischen zwei Handlungsalternativen: Springen? Es ist doch höher als gedacht, und Angst macht sich breit. Oder doch die Leiter wieder nach unten steigen und sich Häme und Spott der Zuschauer abholen? Intern muss dann ein sogenannter Vermeidungs-Vermeidungs-Konflikt ausgetragen werden, also die Wahl des geringeren Übels.[24]

Hinter den Kulissen ist eine Menge Arbeit notwendig, damit die unterschiedlichen und teilweise miteinander konkurrierenden Bereiche des Gehirns reibungslos kooperieren. Es braucht eine übergeordnete Instanz, die Teile miteinander diskutieren lässt, Ressourcen verteilt und Kontrolle zuweist. Dies ist Aufgabe des langsamen Denkens.[25]

Eine elementare Eigenschaft des langsamen Denkens ist, dass diese Operationen mit Anstrengung verbunden sind. Ein Hauptmerkmal ist nach Kahneman zudem die Faulheit, also die Neigung, nur die Mühe aufzuwenden, die absolut notwendig ist. Anschaulich bezeichnet David Eagleman das langsame Denken auch als den »bewussten Vorstandsvorsitzenden«, der die langfristige Planung übernimmt, aber eigentlich gar nicht weiß, wie genau im Einzelnen der Alltagsbetrieb funktioniert.[26] Er muss die Software nicht verstehen, die jede einzelne Abteilung einsetzt, er muss nicht jeden einzelnen Ablauf sehen und verstehen. Wenn man gelernt hat, Fahrrad zu fahren, dann belästigt man den »bewussten Vorstandsvorsitzenden« nicht mehr mit Details zu Muskelaktivierung und Gleichgewicht. Das Bewusstsein kann sich über andere Dinge Gedanken machen (Straßenverkehr, Navigation, Verkehrsregeln etc.) – es wird erst dann wieder angerufen oder aktiviert, wenn Fehler oder Probleme auftauchen oder etwas Außergewöhnliches passiert.

Und: Das langsame Denken ist immer zu spät dran. Das bewusste Denken erfordert Zeit und hinkt immer ein paar Zehntelsekunden der Wirklichkeit hinterher. Wenn man mit dem Finger auf den Tisch klopft, hat man den subjektiven Eindruck, dass die Berührung zur selben Zeit stattfindet, wie der Finger den Tisch berührt. Es wurde jedoch festgestellt, dass im direkten Gegensatz zu unserem Erleben das Gehirn eine relativ lange Dauer zur Verarbeitung benötigt (bis zu einer halben Sekunde), um ein Bewusstsein des Ereignisses auszulösen.[27] Wir haben zwar häufig den Eindruck, dass wir bewusst gehandelt haben, doch trickst uns unser Gehirn aus, indem es eine subjektive Rückdatierung vornimmt. Bezogen auf das Beispiel mit der Autofahrt und dem

Jungen, der plötzlich über die Straße rennt, bedeutet dies, dass die unterbewusst durchgeführte Handlung (auf die Bremse springen nach nur 150 ms) automatisch rückdatiert wird, sodass man berichten wird, man habe den Jungen natürlich bewusst und unmittelbar gesehen und dann sofort gebremst.

Noch dazu werden optische und akustische Signale unterschiedlich schnell verarbeitet[28] – und trotzdem hat man den Eindruck, dass zum Beispiel ein Fingerschnipsen gleichzeitig zu hören und zu sehen ist. Die Zeitwahrnehmung ist also lediglich ein Konstrukt des Gehirns. Bereits in der frühen Kindheit, als Baby, werden die verschiedenen Wahrnehmungskanäle aufeinander geeicht. Wir lernen, dass bestimmte Wahrnehmungen als gleichzeitig zu interpretieren sind. Jedes Mal, wenn wir gegen etwas treten oder etwas berühren oder den Daumen lutschen, kann das Gehirn davon ausgehen, dass Geräusch, Schmerz und Empfinden gleichzeitig auftreten.

Wie weit diese Eichung der Sinneskanäle reicht, zeigt das Experiment der Gummihand-Illusion. Die Versuchsperson legt dabei ihre linke Hand verdeckt auf einen Tisch, sodass sie diese Hand nicht sieht. Neben der verdeckten Hand liegt die Gummiattrappe einer Hand. Die Gummihand und die linke Hand der Versuchsperson werden wiederholt synchron gestreichelt. Schon nach ungefähr einer Minute stellt sich bei der Person die Illusion ein, die Gummihand sei ihr eigener Körperteil und mit dem restlichen Körper verbunden.[29] Durch die gleichzeitige Ansprache des optischen und des taktilen Sinneskanals verschmelzen die beiden Informationen, und die Gummihand wird kurzzeitig ins körperliche Selbstbild der Person integriert. Die Kombination aus Sehen, Fühlen und vergangener Erfahrung führt sogar dazu, dass selbst ein Smartphone in demselben Versuchsaufbau diese Illusion erzeugt.[30]

Zusammenfassung: Das schnelle, unterbewusste Denken läuft automatisch ab und steuert uns wie ein Autopilot. Das langsame Denken hingegen befindet sich normalerweise in einem Modus, in dem nur ein Teil seiner Kapazität in Anspruch genommen wird, und es hinkt der Wirklichkeit hinterher. Unserem Verstand (dem langsamen Denken) werden ständig Interpretationen der aktuellen Situation vom Unterbewussten (dem schnellen Denken) angeboten, die normalerweise akzeptiert und als wahr angenommen werden. Die Arbeitsteilung zwischen schnellem und langsamem Denken ist supereffizient, weil das schnelle Denken normalerweise höchst zuverlässig arbeitet.

Das Programm, das passende Verhalten und die wirksame Handlung werden fest angelegt. Damit erreicht das Gehirn zwei wesentliche Ziele: Das erste ist Geschwindigkeit. Erst wenn das langsame Denken des Bewusstseins in den Hintergrund tritt, kann das schnelle Denken die Arbeit erledigen.

Das zweite Ziel ist Energieeffizienz. Read Montague zeigt beispielsweise, dass das Gehirn des Schachweltmeisters Garry Kasparov in der legendären Partie gegen den Superrechner Deep Blue gerade einmal 20 Watt verbrauchte, wohingegen der Rechner Tausende Kilowatt verbrauchte und sogar mit Kühlsystemen ausgerüstet werden musste, um nicht heiß zu laufen.[31]

Das menschliche Gehirn arbeitet mit beispielloser Effizienz. Die Automatisierung ist ein grundlegender Mechanismus unseres Gehirns: Es passt neuronale Funktionen der Aufgabe an. So können Tätigkeiten, die man zunächst ungeschickt erledigt, immer rascher und effizienter bewältigt werden.[32] Wenn diese Bedingungen erfüllt sind, kann man sich auf seine Intuition verlassen – der Schlüssel, um zu funktionieren, wenn's drauf ankommt.

Wie bereits angemerkt, finden relevante Aspekte der sportlichen Höchstleistung eigentlich ohne die Einflussnahme von langsamem Denken statt. In diesem Zusammenhang wird in Sportarten, in denen Schnelligkeit eine besondere Rolle spielt, ersichtlich, dass bestimmte Aufgaben mit bewusstem Denken eigentlich gar nicht bewältigt werden können. Zum Beispiel beim Tennis – ein Aufschlag wird dort mit bis zu 263 Stundenkilometer geschlagen (Aufschlagrekord von Sam Groth 2012). Gute Tennisspieler können einen Aufschlag mit einem Return beantworten, bevor ihnen bewusst wird, dass der Ball unterwegs ist. Durch jahrelange Übung sind die wichtigsten Abfolgen dieser komplexen Bewegung in automatisierte motorische Programme (schnelles Denken) verwandelt worden. Das schnelle Denken kann (durch Interpretation der Bewegungen des Aufschlagenden) den Weg des Balles recht genau vorhersagen.

Wenn man sich die zeitlichen Abläufe im Gehirn beim Return vergegenwärtigt, wird deutlich, dass das erfolgreiche Retournieren eines Aufschlags nur mit schnellem Denken gelingen kann:[33]

- 0 ms: Die Aufmerksamkeit wird auf den Gegner gerichtet, eventuell wird mit früheren Erfahrungen verglichen.
- 70 ms: Der Ball ist unterwegs (ca. 3 Meter geflogen). Der Spieler nimmt den Ball noch nicht bewusst wahr, unterbewusst aber plant sein Gehirn bereits die Aktio-

nen, die für den Return nötig sind. In diesem Stadium nutzt der Spieler vor allem Informationen über die Bewegungen des Gegners, um die eigenen Bewegungen zu planen.

- 250 ms: Der Ball hat das Netz fast überquert. Das Gehirn des Spielers kombiniert die bislang gesammelten Informationen, um eine Reaktion auf den schnell herannahenden Ball zu entwerfen. In diesen Plan fließen Informationen über die Körpersprache des Aufschlägers ein, das (noch unterbewusste) Wissen über Geschwindigkeit und Flugbahn des Balles sowie aktivierte Erinnerungen.

- 285 ms: Bewusstes Denken setzt ein. Unterbewusst ist die Echtzeitposition des Balles bereits kalkuliert. Der Spieler denkt, er sähe den Ball dort, wo er tatsächlich ist.

- 355 ms: Der Ball kommt in der eigenen Spielhälfte auf. Die motorischen Areale im Gehirn feuern und Arm und Schläger werden so in Position gebracht, dass der Spieler den Ball treffen kann.

- 500 ms: Der Ball befindet sich unmittelbar vor dem Spieler. Weicht die bewusste Wahrnehmung der Flugbahn des Balles deutlich von der früheren unterbewussten Vorhersage ab, kann er die ältere Planung verwerfen und eine Alternative erwägen. Dafür benötigt der Spieler aber wiederum 200 bis 300 ms – den Ball wird er dann nicht mehr treffen können.

Das willentliche Retournieren eines Aufschlags mit bewusstem Denken würde zwangsläufig scheitern. Die optischen Signale benötigen eine gewisse Zeit, um in den Augen verarbeitet zu werden, durch die Axone in den Thalamus und von da über Nervenbahnen in die Großhirnrinde zu gelangen, um schließlich weiterverarbeitet zu werden.[34] Die Geschichte des Sprinters Asafa Powell war ein Beispiel dafür, dass bewusstes Denken sogar den eigentlich perfekt funktionierenden Bewegungsablauf massiv stören kann.

Häufig berichten Spitzensportler im Nachgang eines gelungenen Wettkampfes, dass sie in der jeweiligen Situation die erfolgreiche Handlung nicht geplant hätten. Sie sei einfach geschehen.

In einer Fernsehdokumentation mit dem Titel »Ronaldo: Tested to the Limit«[35] wurde mit dem mehrfachen Weltfußballer und einer Vergleichsperson unter anderem folgender Test durchgeführt: Eine von außen halbhoch gespielte Flanke sollte mit einem Torschuss verwertet werden. Dabei wurde in dem Moment, kurz nachdem der Ball gespielt worden war, die Halle gänzlich verdunkelt. Die Auswertung der Bilder einer Nachtsichtkamera zeigte, dass die Vergleichsperson keinen einzigen Ball traf, Ronaldo hingegen die Schüsse sicher im Tor unterbrachte.

Ganz offensichtlich konnte Ronaldo bei diesem Test sein bewusstes Denken (zum Beispiel zur Kalkulation der Flugbahn) nicht einsetzen. Vielmehr verließ er sich auf seine Intuition, sein schnelles Denken: Die wenigen, aber relevanten Informationen vor und zu Beginn der Flanke reichten aus, um die Flugbahn präzise zu antizipieren und eine angemessene Handlungsalternative auszuwählen.[36] Das bedeutet, dass die entscheidenden Voraussetzungen für die Effektivität des schnellen Denkens die Expertise, das Niveau und die Erfahrung des Handelnden in der betreffenden Situation sind.

Als Normalbürger befolgt man vor Anforderungssituationen normalerweise den Rat, sich Zeit zu nehmen, sich zu konzentrieren und sich durch nichts ablenken zu lassen. Viele Untersuchungen hierzu bestätigen: Je rascher eine Aufgabe erledigt wird, desto ungenauer fällt die Ausführung aus.[37]

Anders verhält es sich bei erfahrenen Experten. Ein Experiment an Golfern verdeutlicht das.[38] Der Spielerfolg von Golfern verschiedener Leistungsniveaus, Anfänger und Leistungsgolfer, wurde unter zwei Bedingungen untersucht: Im einen Fall hatten die Golfer für einen Schlag maximal drei Sekunden Zeit, im anderen Fall durften sie sich so viel Zeit lassen, wie sie wollten. Das Ergebnis überrascht eigentlich nicht: Die Anfänger kamen mit der zweiten Situation (viel Zeit) sehr viel besser klar und waren erfolgreicher als unter Zeitdruck. Die Könner allerdings waren unter Zeitdruck besser. Wahrscheinlich, weil der über lange Zeit trainierte und automatisierte Bewegungsablauf über das schnelle Denken abgerufen wurde und dem langsamen Denken zu wenig Zeit blieb, um einzugreifen.

Vergleichbare Ergebnisse werden auch aus ähnlichen Untersuchungen im Schach oder auch bei Spielsportarten berichtet.[39] Werden taktische Situationen von hochklassigen Spielern mit Zeitdruck (schnelles Denken) oder in Ruhe (langsames Denken) analysiert, sind die Entscheidungen unter Zeitdruck besser.[40] Unter Zeitdruck wird die »Take the First«-Heuristik des schnellen Denkens verwendet: Der Spieler wählt die Handlungsalternative aus, die ihm als Erstes in den Sinn kommt. Die Qualität dieser »Take the First«-Heuristik ist abhängig von der Erfahrung und dem Grad der Expertise. Die hohe Qualität des schnellen Denkens ist charakteristisch für den erfahrenen Spieler, den Experten.

Ähnliches findet sich auch außerhalb des Sports. So berichtet Gary Klein von einer Studie an Feuerwehreinsatzleitern, bei der diese hinsichtlich ihres Entscheidungsverhaltens befragt wurden.[41] Es ist verblüffend: Das Szenario ist komplex, das Risiko extrem und der Zeitdruck enorm. Dennoch wägen die erfahrenen Feuerwehreinsatzleiter nicht die verschiedenen Handlungsoptionen gegeneinander ab. Sie handeln einfach. Die Befragten beharrten auf der Aussage, dass ein erfahrener Feuerwehreinsatzleiter nie bewusste Entscheidungen treffe. Es gebe zwar verschiedene Möglichkeiten, doch sei normalerweise in jeder Situation klar, was einzig und allein zu tun sei.

Man mag bewusst denken, dass man eine Entscheidung getroffen hat, aber bei den meisten Entscheidungen, die das Gehirn zu treffen hat, wird das Bewusstsein gar nicht erst gefragt. Es steht nicht im Mittelpunkt des Gehirns, sondern befindet sich irgendwo an der Peripherie und nimmt das Geschehen wahr.[42]

Insbesondere die Arbeiten von Gerd Gigerenzer zeigen, dass uns gerade im Bereich von Expertise der Autopilot (das schnelle Denken) sicher steuert und man sich auf ihn ganz gut verlassen kann. Gigerenzer geht davon aus, dass wir unterbewusst Entscheidungen treffen, die im Widerspruch zu unserem bewussten Denken stehen – aber die besseren sind.[43] Er berichtet beispielsweise von dem Polizeibeamten Dan Horan, einem langjährigen Experten darin, auf dem Flughafen Drogenkuriere auszumachen. Horan gelingt es mit einer außergewöhnlichen Trefferquote, unter Hunderten von Fluggästen intuitiv Drogenkuriere zu erkennen. Auf die Frage, wie er das mache, weiß er allerdings keine Antwort. Er kann im Nachhinein nicht einmal angeben, was ihm bei den verdächtigen Passagieren ungewöhnlich vorkam – er weiß es schlicht und ergreifend nicht. Nach Gigerenzer ist es das »Bauchgefühl«, die Intuition.

Vielfältige Untersuchungen an Expertengruppen[44] zeigen, dass diese zuverlässig ihrer Intuition folgen und damit meistens richtig liegen, beispielsweise

- Sanitäter bei der Bergung von Unfallopfern,
- Militärs bei Einsätzen in Krisengebieten,
- Pflegerinnen der Frühchen-Station beim Erkennen von Infektionen,
- Sicherheitskräfte am Flughafen beim Erkennen von Waffen im Handgepäck,
- Feuerwehreinsatzleiter bei der Bekämpfung von Bränden.

Intuitionen basieren hauptsächlich auf Fertigkeit und Sachkunde, die durch regelmäßige Übung erworben werden.[45] Wenn die Umgebung einigermaßen regelmäßig ist und wenn die hier agierenden Experten (der Sportler, der Arzt, der Einsatzleiter) die Gelegenheit hatten, diese Regelmäßigkeiten zu erlernen und zu trainieren, dann wird das schnelle Denken diese Situationen wiedererkennen und schnell zutreffende Vorhersagen und Entscheidungen erzeugen. Während die Handlung wieder und wieder durchgeführt wird, werden unterbewusst kleinste Anpassungen erkannt und integriert, bis bestimmte Prozesse derart automatisch ablaufen, dass sie unterbewusst durchgeführt werden können und (zumindest teilweise) dem Bewusstsein gar nicht mehr zugänglich sind, etwa das motorische Programm, um ein Glas Wasser zum Mund zu führen.

Häufig angeführt wird das Beispiel von Baseballspielern, die einem geschlagenen Ball folgen und diesen fangen – mithilfe eines weder für sie selbst noch für Außenstehende erkennbaren Programms oder nach einer nicht nachvollziehbaren Logik.[46] Doch das Programm lässt sich wissenschaftlich erklären: Der Blickwinkel zum Ball bleibt stets gleich. Daher rennen die Spieler auch bogenförmig und nicht linear zur scheinbar »errechneten« Fangposition, immer den Ball im Blick. Dieses Programm ist den Spielern nicht bewusst. Dennoch folgen sie ihm konsequent.

Experten haben aufgrund ihrer Erfahrung gelernt, alle möglichen Dinge zu erfassen, die für andere Menschen »unsichtbar« sind und die ihnen selbst auch nicht bewusst zugänglich sind. Sie

- orientieren sich an Mustern und Zusammenhängen (zum Beispiel konstanter Blickwinkel),
- erkennen Anomalien, also das Nichteintreten von bestimmten Ereignissen,
- sehen das große Ganze, ein umfassendes mentales Modell für das Geschehen in einer Situation und
- erkennen die feinen relevanten Unterschiede.

Das Unterbewusste erkennt die Zeichen zuerst – das bewusste Denken hinkt hinterher.[47]

Wenn's drauf ankommt, geht es darum zu wissen, wann langsames Denken aktiviert werden muss und wann man auf den Automatismus des schnellen Denkens vertrauen kann. Gerade im Spitzensport ist das wechselseitige Zusammenspiel zwischen schnellem und langsamem Denken ein elementarer Bestandteil von Spitzenleistung.

Der Ablauf beim Golfspielen verdeutlicht, wie dieses Wechselspiel in der Praxis aussieht. Wenn der Golfer sich nach dem Abschlag dem Ball auf dem Fairway nähert, sammelt er alle notwendigen Informationen für den nächsten Schlag, gewichtet diese und wägt sie gegeneinander ab. Er berücksichtigt die Entfernung zum Loch, den weiteren Verlauf des Fairways und Hindernisse wie Bunker oder Wasser, um die mögliche Flugbahn des Balles zu antizipieren und den passenden Schläger auszuwählen. Dies alles erfordert sehr viel Konzentration und Anstrengung, also langsames Denken. Wie komplex und anstrengend diese Analyse ist, wird auch am Caddy deutlich, der als externe Beratung zur Unterstützung herangezogen wird.

Wenn es aber dann zum Schlag kommt, dann muss der Golfer »loslassen« können und den automatisierten Ablauf zulassen.

Das Unterbewusste entscheidet sich für den passenden Schlag. Im Film *Die Legende von Bagger Vance* (USA 2000) wird erläutert, wie der perfekte Schlag im Golf gelingt: Es geht um die Verbindung des Unterbewussten mit dem Feld (zum Beispiel Fairway oder Green), in das der Ball geschlagen werden soll. Lässt der Spieler sich darauf ein und vertraut er darauf, dass sein unterbewusstes Programm den zu dem Feld passenden Schlag aussuchen wird, gelingt der perfekte Schlag. Schaltet der Spieler das bewusste Denken ein und versucht, willentlich einzugreifen, misslingt der Schlag.

Wenn es um schnelle, perfekte Handlungen geht, kann man sie dem schnellen Denken überlassen. Voraussetzung ist allerdings Expertise, was wiederum eine entsprechend lange Phase des Übens und Trainierens erfordert. Nach dem Schlag wird erneut das langsame Denken zur genauen Analyse konsultiert. Zunächst wird der Schlag bewertet (gelungen oder misslungen), dann wird die nächste Handlung geplant und eingeübte Rituale, zum Beispiel zur Entspannung oder Schlagvorbereitung, eingeleitet.

Wenn es darum geht, auf höchstem Niveau zuverlässig zu agieren, geht es um den anforderungsgerechten Wechsel zwischen Kontrolle (langsamem Denken) und Loslassen (schnellem Denken). Doch fällt, wie bereits beschrieben, Sportlern dieses Loslassen manchmal schwer – gerade dann, wenn es wichtig ist: bei den großen Wettkämpfen.

Das »Loslassen« lässt sich auch auf neurophysiologischer Ebene beobachten. Einfach gesagt existiert für die rechte Gehirnhälfte nur der gegenwärtige Augenblick; sie erschafft vornehmlich Eindrücke der aktuellen Situation. Die linke Gehirnhälfte strukturiert, vergleicht, bewertet und beschreibt diese Eindrücke (Sprachzentrum).[48] Studien in verschiedenen Sportarten belegen eine Deaktivierung der verbal-analytischen Teile im Gehirn im Moment der Erbringung der Spitzenleistung. Bei Golfern und Schützen auf hohem Leistungsniveau war die linke Gehirnhälfte – die für das langsame, planvolle, logische Denken zuständig ist – im Moment der Schlag- oder Schussabgabe deaktiviert.[49]

Wenn's drauf ankommt, dürfen die Hirnwellen des Sportlers nicht durch das sorgenvolle »Geplapper des bewussten Denkens« gestört werden.[50] Eine Kernbotschaft für die Arbeit am Funktionieren im entscheidenden Moment steht somit fest:

**Durch »Loslassen« gelingt die Performance –
langjähriges Training und Expertise vorausgesetzt!**

Kapitel 3
Der Schlüssel: Überzeugung
von der eigenen Kompetenz

Das Loslassen erfordert ein starkes Vertrauen in die eigene Performance. Dabei ist die Überzeugung von der eigenen Kompetenz eine wesentliche Voraussetzung.

Zum Aufbau einer stabilen Überzeugung von der eigenen Kompetenz ist das Zusammenspiel zwischen Gehirn und Körper maßgeblich. Der Körper wirkt bei Einschätzungen des bewussten Denkens mit ein.[51] Es geht um Erfahrungen, die man in vergleichbaren Situationen bereits gemacht hat. Das schnelle Denken liefert Assoziationen, die in einem Bauchgefühl resultieren: »Gefährlich – ich kenne die Situation, ein Scheitern droht« oder »Kein Problem – ich kenne die Situation, das haben wir schon einmal hinbekommen«. Diese subtilen Einschätzungen des unterbewussten schnellen Denkens sind weder logisch noch rational, dennoch beinhalten sie eine Prognose für das eigene Verhalten.

Es wird eine Prognose darüber aufgestellt, wie erfolgreich oder angenehm eine bevorstehende Situation gemeistert werden wird. Je nach Vorerfahrung fällt diese Prognose optimistischer oder pessimistischer aus.

Je nachdem, wie man die Anforderung meistert, wird sich die Prognose in die eine oder andere Richtung stabilisieren. Hat man eine Aufgabe erfolgreich bewältigt, wird sich die Erwartung einstellen, dass es auch beim nächsten Mal mit leicht erhöhter Wahrscheinlichkeit gelingen kann. Das Gehirn nutzt den Neurotransmitter Dopamin, den Glücksbotenstoff, um diese Einschätzungen zu aktualisieren. Agiert man besser als erwartet, wird bei erneuter ähnlicher Aufgabenstellung die Dopaminausschüttung erhöht (Vorfreude). Gelingt es nicht, wird bei erneuter Konfrontation mit dieser Aufgabe die Dopaminausschüttung reduziert.[52]

Am Beispiel Bungee-Jumping (dafür ist nicht sonderlich viel Training und Expertise erforderlich) kann man dieses Zusammenspiel verdeutlichen. Hat man sich erst einmal zu einem Sprung durchgerungen und diesen Adrenalinkick erlebt, reagieren sehr viele Menschen mit Euphorie. Bei der nächsten Möglichkeit wird eine erhöhte Dopaminausschüttung eine positive Prognosekorrektur zur Folge haben und man wird sich mit viel weniger Sorgen und Befürchtungen zum nächsten Sprung aufmachen.

Diese Erwartung, auch beim nächsten Mal erfolgreich bestehen zu können, wird nach Albert Bandura *Kompetenzüberzeugung* (engl. perceived self-efficacy) genannt.[53] Um ein bestimmtes Verhalten unter hohem Erwartungsdruck und in einer bestimmten Situation durchführen zu können, muss die Kompetenzüberzeugung positiv ausgeprägt sein. Beim Strafstoß im Fußball (Elfmeter), beispielsweise im Finale der Champions League, muss der Schütze zunächst davon überzeugt sein, prinzipiell einen Elfmeter sicher verwandeln zu können. Die Kompetenzüberzeugung beinhaltet die sichere Prognose des Spielers, auch *jetzt* – in der gegenwärtigen Situation beim Elfmeterschießen im Champions-League-Finale – diesen Strafstoß sicher verwandeln zu können. Man kann es manchen Spielern teilweise im Gesicht ablesen, ob sie im Moment des Elfmeterschießens von ihrer Kompetenz überzeugt sind oder nicht. Obwohl eigentlich jeder Fußballprofi einen Strafstoß sicher verwandeln kann, wird diese Aufgabe in manchen Situationen zur mentalen Herausforderung. Außerdem ist diese Überzeugung von der eigenen Kompetenz mal so und in einer vergleichbaren anderen Situation ganz anders. Das liegt daran, dass eine Kompetenzüberzeugung von vielen unterschiedlichen Variablen abhängt, die sich stündlich, manchmal sogar minütlich, verändern können.

Die Aussage »Im Wettkampf ist alles anders« (vgl. Kapitel 1) erklärt sich also nicht nur aus möglicherweise anderen Rahmenbedingungen und einer unzweckmäßig gerichteten Aufmerksamkeit, sondern auch aus einer unzureichenden Kompetenzüberzeugung. In der Wettkampfsituation mit den Zuschauern, den Gegnern und den bevorstehenden Konsequenzen (etwa den unangenehmen Folgen eines Misserfolgs) stellt sich die im Training erlebte Kompetenzüberzeugung nicht gleichermaßen ein, und so wird die Situation im Vergleich zur Trainingssituation als völlig unterschiedlich erlebt. Denn für die erfolgreiche Ausführung einer Handlung ist nicht nur das Wissen um korrekte Bewegungsabläufe entscheidend, sondern auch die subjektive Überzeugung, diese Bewegungsabläufe in der bevorstehenden Anforderungssituation erfolgreich umsetzen zu können.

Die Kompetenzüberzeugung bezieht sich allein auf eine subjektive Einschätzung, ob erfolgreiches Handeln möglich ist. Sie muss nicht mit den objektiven Handlungsressourcen (technisch-taktisches Können, Vorbereitung, körperliche Verfassung) übereinstimmen. Das heißt, dass die Kompetenzüberzeugung nicht zwangsläufig gestärkt wird, nur weil eine schwierige Situation erfolgreich gemeistert wurde. Eine größere Bedeutung haben die Interpretation und die Bewertung der Handlungsergebnisse, zum Beispiel welche Ursachen dem Erfolg zugeschrieben werden.

Wird der Erfolg günstigen Umständen, Glück oder der Schwäche des Gegners zugeschrieben, trägt dies nicht zu einer Steigerung der Kompetenzüberzeugung bei. Wird der Grund für das erfolgreiche Bestehen dagegen bei sich und den eigenen Fähigkeiten gesehen, resultiert daraus eine stärkere Kompetenzerwartung.

Zusammengefasst: Eine Person mit einer hohen Kompetenzerwartung ist in einer bestimmten Situation überzeugt, dass ihr alle für die Bewältigung dieser Situation notwendigen Ressourcen zur Verfügung stehen und sie diese auch erfolgreich einsetzen kann. Wissenschaftliche Ergebnisse weisen darauf hin, dass diese subjektive Überzeugung eine zentrale und essenzielle Rolle in der Entstehung von Spitzenleistung spielt.[54]

Demnach ist die Kompetenzüberzeugung ein guter Indikator zur Vorhersage von sportlicher Leistung.[55] Zudem konnte in Studien[56] gezeigt werden, dass eine hohe Ausprägung der Kompetenzüberzeugung vermehrt dazu führt, entschlossener und öfter die erste sich ergebende Lösung auszuwählen (»Take the First«-Heuristik, vgl. Kapitel 2). Anscheinend muss man sich also entsprechend sicher fühlen, um tatsächlich auf die erste sich bietende Lösung zu setzen und darauf zu vertrauen, dass das schnelle Denken zuverlässig die optimale Handlungsalternative vorgibt.

Mit ansteigender Expertise ist natürlich davon auszugehen, dass die handelnden Personen auch über eine ausgeprägte Kompetenzüberzeugung verfügen. Experten zeichnen sich dadurch aus, dass sie in schwierigen Situationen ihres Fachgebiets vielfach erfolgreich gehandelt haben.

Dies ist auch der Grund, warum Flugpiloten im Simulator schwierige Situationen wie Triebwerksausfall oder Notlandung trainieren. Die Folge: eine gesteigerte eigene Überzeugung, für nahezu jede mögliche Herausforderung eine Lösung und einen durchgespielten Plan zur Verfügung zu haben. So erklärt sich auch die spektakuläre und dabei äußerst souveräne Notlandung des US-Airways-Fluges Nr. 1549 am 15. Januar 2009 auf dem Hudson River in New York.

Dementsprechend ist zum Aufbau einer Kompetenzüberzeugung die wirksamste Quelle die eigene erfolgreiche Praxis in der entsprechenden Anforderungssituation. Wie wichtig diese kontinuierlichen Erfolgserlebnisse sind, wird am Beispiel von Gregor Schlierenzauer, dem österreichischen Skispringer, deutlich. Er gilt als einer der besten Skispringer der Welt und scheint dies auch zu wissen: »Ich kann es mir nicht vorstellen, einen Wettkampf nicht zu gewinnen!«[57] Diese Aussage mag arrogant und überheblich klingen, doch ein Blick auf seine sportliche Entwicklung und seine Erfahrungen zeigt, was dahintersteckt. In allen Kaderstufen, die er durchlief, zählte er fast immer zu den Bestplatzierten in den entsprechenden Wettkämpfen. Nicht nur sein Ausnahmetalent und Fleiß, sondern auch die umsichtige Betreuung durch seinen damaligen Trainer bescherten ihm ungewöhnlich viele erfolgreiche Wettkämpfe. Diese kontinuierlichen Erfolgserlebnisse ließen ihn eine äußerst starke Kompetenzüberzeugung im Skispringen aufbauen.

Die direkte Erfahrung, eine Anforderung zum definierten Zeitpunkt abrufen zu können, kann auch durch geschickte Trainingsgestaltung erreicht werden. Etwa beim ...

Strafstoßtraining im Fußball[58]

Die vom Trainer gestellte Aufgabe lautet: zehn Strafstöße nacheinander. Der Spieler soll selbst vorhersagen, wie viele er verwandeln wird. Um den Einfluss des Torwarts so gering wie möglich zu halten, wird auch dieser gefragt, wie viele

Strafstöße er halten wird. Die Vorhersagen aller Spieler werden schriftlich festgehalten und den anderen Spielern mitgeteilt, das heißt, jeder kennt auch die Vorhersage seiner Mitspieler. Eine individuelle Änderung oder Anpassung der Vorhersage durch die Spieler sollte zulässig sein; bisweilen kann es auch sinnvoll sein, dass der Trainer eine Mindestanforderung (zum Beispiel fünf verwandelte Elfmeter) festlegt.

Zum vereinbarten Zeitpunkt (»Bereitet euch vor, in zehn Minuten legen wir los!«) werden die Elfmeter in zuvor festgelegter Reihenfolge geschossen. Danach erfolgt die Ergebnisbekanntgabe vor der Mannschaft. Anschließend sollte unbedingt – mit der Mannschaft oder individuell – möglichst objektiv analysiert werden, welche Ursachen für Erfolg (Erfüllung oder Übererfüllung der Vorhersage) oder Misserfolg (Nichterreichen der Vorhersage) infrage kommen. Dabei sind personeninterne Faktoren wie Technik, Taktik, Anstrengung, Aufregung, Gedanken etc. und personenexterne Faktoren wie Torwartleistung, Wetter etc. zu berücksichtigen.

Statistik lügt nicht

In vielen Sportarten nutzt man Statistiken, um eine entsprechende Kompetenzüberzeugung zu entwickeln. So werden im Basketball etwa 100 Dreier (Drei-Punkte-Würfe aus dem Feld, hinter der durchgezogenen Drei-Punkte-Linie) direkt nacheinander durchgeführt und die Anzahl der Treffer als Prozentwert notiert. Jeder Spieler benötigt einen bestimmten Prozentsatz an erfolgreichen Würfen, um sich entsprechend sicher zu fühlen (zum Beispiel 70 Prozent). Je näher der erreichte Prozentwert diesem erwarteten Wert kommt, desto sicherer wird die interne Prognose, dass ein Dreier verwandelt wird. Daraus resultiert eine stark ausgeprägte Kompetenzerwartung, einen Wurf hinter der Linie annehmen und verwandeln zu können. Entsprechend hoch ist dann in einer passenden Spielsituation die Wahrscheinlichkeit, dass der Spieler, sobald sich die Möglichkeit bietet, den Wurf »nimmt« (»Take the First«-Heuristik) und nicht »überlegt« und dann die weniger erfolgreiche, aber sicherere Variante des Abspiels wählt.

Liegt die erreichte Quote unter dem individuellen Anspruchsniveau, sollte zunächst – am besten mit dem Trainer – analysiert werden, warum die gewünschte Quote nicht erreicht wurde (technische Fehler oder Ähnliches). Anschließend muss umfangreiches Training erfolgen, um später erneut zu prüfen, ob das individuell gewünschte Niveau (Prozentrang) wieder erreicht wird.

Letztlich gilt es aufzupassen, dass man nicht durch ungünstige Trainingsformen die Kompetenzüberzeugung der Spieler sogar negativ beeinflusst. Bei einer Eishockey-Bundesligamannschaft hatte es sich beispielsweise etabliert, zum Ende des Trainings den Wettbewerb »Last man standing« durchzuführen. Dabei werden von allen Spielern nacheinander Penalties geschossen. Wer trifft, geht duschen. Derjenige, der als Letzter übrig bleibt und demnach mehrere Penalties hintereinander nicht getroffen hat, bekommt den unrühmlichen Titel »Depp der Woche«. Nachdem ein Spieler mehrfach hintereinander diesen Titel erworben hatte, wurde der ihm im Spiel zugesprochene Penalty zur schier unlösbaren Aufgabe, war ein Scheitern quasi vorprogrammiert. Aus der Sicht des Spielers wurde der Penalty gar zu einer Bedrohung statt zum gerechten Ausgleich für ein Foul.[59]

Neben der direkten Erfahrung, in der Vergangenheit erfolgreich agiert zu haben, gibt es noch drei weitere Quellen, die sich positiv auf die Kompetenzüberzeugung auswirken können:[60]

Stellvertretende Erfahrung: Die Beobachtung einer anderen Person bei der erfolgreichen Aufgabenbewältigung wirkt als »stellvertretende« Erfahrung und kann die eigene Kompetenzerwartung stärken. Dabei kann auch die Betrachtung der eigenen Person (etwa auf Video) entsprechend genutzt werden. Letztlich kann die stellvertretende Erfahrung auch in der reinen Vorstellung von Bewegungen und Handlungen ablaufen.

Verbale/sprachliche Überzeugung: Adäquate sprachliche Informationen können gezielt auf die Kompetenzerwartung einwirken. Dabei muss prinzipiell zwischen externer Quelle (zum Beispiel dem Trainer) und interner Quelle (den eigenen Denkprozessen und Selbstgesprächen) unterschieden werden.

Emotionaler Erregungszustand: Anforderungssituationen rufen Aktivierungszustände hervor, die einen informativen Wert in Bezug auf die persönliche Kompetenz hervorrufen.

Wie diese Quellen in der Vorbereitung auf einen Wettkampf, unmittelbar vor Wettkampfbeginn und auch noch im Wettkampf selbst genutzt werden können, wird in den nächsten Kapiteln erläutert.

Da eine Kompetenzüberzeugung nicht überdauernd und situationsübergreifend aufgebaut werden kann, besteht eine wichtige Fertigkeit darin, durch bestimmte Strategien vor der jeweiligen Anforderungssituation die Kompetenzüberzeugung zu entwickeln. Es ist ein Kernziel der sportpsychologischen Trainingstechniken, einen Zustand der situationsspezifischen Kompetenzüberzeugung zu unterstützen. Der Aufbau der Kompetenzüberzeugung – und damit der Einsatz von sportpsychologischen Techniken – ist allerdings immer an das langsame, bewusste Denken gekoppelt.

**Der Aufbau einer Kompetenzüberzeugung
ist anstrengend und kostet Energie.
Eine wertvolle Investition, um dann, wenn's
drauf ankommt, auf die Automatismen des
schnellen Denkens vertrauen zu können.**

Zweiter Teil
Vorbereitung auf den Wettkampf

Eine situationsspezifische Kompetenzüberzeugung baut sich über die Zeit auf. Entscheidend sind dabei vor allem eigene Erfolge, das heißt das eigene Erleben der erfolgreichen Performance. Erfolgreiche Handlungen rufen die Erwartung hervor, etwas zu beherrschen und zu kontrollieren: »Das kann ich!« Das Relevante dabei ist, eine bestimmte Tätigkeit auf Topniveau nicht nur zu können, sondern darin auch erfolgreich zu sein, das heißt zu erleben, dass man diese auch zum definierten Zeitpunkt abrufen kann. Doch wie viele Erfolgserlebnisse braucht es, bis eine stabile Kompetenzüberzeugung für eine Tätigkeit auf Topniveau aufgebaut wurde?

Aus der Erforschung der Expertise ist die 10.000-Stunden-Regel bekannt: Mindestens 10.000 Stunden an intensiver und konzentrierter Übung sind notwendig, um in einem Bereich extrem leistungsfähig zu sein.[61] Als allgemeingültiges Prinzip soll sie auf Pianisten, Sportler, Manager oder auch auf Programmierer gleichermaßen anwendbar sein. Diese Regel bestätigt also die Volksweisheit »Übung macht den Meister«. Auch die großen Meister wurden demnach nicht – wie oft angenommen – als »Naturtalent« geboren, sondern haben sich ihr Können hart erarbeitet.

So einfach, wie die Regel klingen mag, ist die Ursache-Wirkungs-Beziehung dann aber doch nicht.[62] Diese 10.000 ist nicht irgendeine magische Zahl, sondern sie wurde letztlich nur aufgrund ihrer Eingängigkeit gewählt.[63] Es ist zu kurz gedacht, dass ein Investment von 10.000 Stunden ausreicht, um ein Meister seines Faches zu werden. Vielmehr spielen individuelle Faktoren,[64] verbunden mit der Art des Trainings, in das diese Zeit investiert wird, eine entscheidende Rolle. Für eine optimale Leistungssteigerung braucht es die Möglichkeit, Neues auszuprobieren und an seine Grenzen zu gehen, sowie einen Trainer, der selbst schon Experte auf diesem Gebiet ist und unmittelbares Feedback zur eigenen Leistung gibt.[65] Eine solche Lernumgebung fördert die Entwicklung der Kompetenzüberzeugung. Eine ergänzende Interpretation der »Regel« lautet nämlich, dass diese 10.000 Stunden – oder wie viele es auch sein mögen – nötig sind, um eine stabile Überzeugung in die eigenen Fähigkeiten aufzubauen und auch in schwierigen Situationen zuverlässig Topleistungen abzuliefern.

Erst durch die extrem hohe Anzahl erfolgreicher Erlebnisse in schwierigen Anforderungssituationen kann der Zusammenhang zwischen persönlichem Anstrengungsaufwand und den Konsequenzen aus der Umwelt wahrgenommen werden. Das führt mit der Zeit zu einer positiven Erwartung an die eigene Kompetenz. Wenn man jedoch diesen Zusammenhang zwischen Anstrengung und Erfolg nicht selbst erlebt oder gar häufiger Misserfolge erlebt, stellt sich eine Kompetenzüberzeugung nur schwer ein. Hat dagegen wiederholter Erfolg bereits die Kompetenzerwartung gefestigt, sinkt der negative Einfluss von gelegentlichen Misserfolgen. Im Gegenteil, gelegentliche Misserfolge können sogar das Durchhaltevermögen stärken, denn die Person erlebt, dass und wie schwierige Phasen oder Krisen durch anhaltende Bemühungen überwunden werden können.[66]

Was kann man nun in der Praxis tun? Einfach gesagt muss man versuchen, systematisch und regelmäßig erfolgreich zu sein. Dazu gehören angemessene, erreichbare Ziele. Mit zunehmendem Leistungsniveau kann dann die Schwierigkeit der zu bewältigenden Aufgabe gesteigert werden.

Im Boxsport gibt es den Begriff des Aufbaugegners. Dieser hat den Zweck, dem Boxer Erfolg und damit Selbstbewusstsein und Kompetenzüberzeugung zu verschaffen. Damit das gelingt, muss der Aufbaugegner sportlich etwas unterlegen sein. Ein solcher Gegner wird gezielt ausgesucht, zum Beispiel im Rahmen einer Vorbereitung auf einen Weltmeisterschaftskampf. Dadurch soll der Boxer psychisch (und physisch) regelrecht aufgebaut werden. Eine Niederlage des Boxers gegen seinen Aufbaugegner ist zwar prinzipiell möglich, aber äußerst selten.[67]

Neben einem individuell möglichst gut passenden Vorbereitungsplan und regelmäßigen, in der Schwierigkeit ansteigenden Probewettkämpfen können auch sportpsychologische Techniken eingesetzt werden. Darum geht es in den nächsten Kapiteln. Diese Techniken erfordern langsames, bewusstes Denken. Sie anzuwenden ist anstrengend, kostet Energie und benötigt Disziplin. Aber es ist auf diese Weise möglich, das bewusste Denken so einzusetzen und zu steuern, dass sich dann, wenn's drauf ankommt, Kompetenzüberzeugung einstellt und der Automatismus, vom schnellen Denken übernommen, ungestört ablaufen kann.

Solche sportpsychologischen Techniken werden schon in der Vorbereitung auf den Wettkampf eingesetzt, auch wenn noch ein paar Wochen Zeit ist. In der unmittelbaren Wettkampfvorbereitung ist es natürlich besonders wichtig, durch bewusstes, kontrolliertes Denken die Kompetenzüberzeugung aufrechtzuerhalten. Auch im Wettkampf hat das bewusste Denken schließlich diverse Aufgaben zu übernehmen, damit das unterbewusste Denken ungestört arbeiten kann.

Kapitel 4
Akku? Geladen!

Der erste Schritt zum Gelingen, wenn's darauf ankommt, ist fast schon trivial, eigentlich jedem von uns bekannt, aber dennoch extrem wichtig. Trotzdem wird dieser erste Schritt am meisten vernachlässigt: Der eigene Akku sollte geladen sein, sonst wird es schwierig, unter hohen Anforderungsbedingungen zu bestehen. Mit »Akku« ist hier die mentale Ausgeruhtheit gemeint.

Wir hatten bereits festgehalten, dass in wichtigen Anforderungssituationen der »bewusste Vorstandsvorsitzende«, also das langsame Denken, steuern und kontrollieren muss, was letztlich im Gehirn vor sich geht. Jetzt brauchen wir den »bewussten Vorstandsvorsitzenden«. Aber nicht in der Produktion am Fließband, also bei den bewegungstechnischen Aufgaben, die vom Sportler jetzt gefordert sind – hier soll er lieber nicht eingreifen, denn damit kennt er sich nicht aus! –, sondern in der Gewährleistung und Sicherstellung der autonom ablaufenden Prozesse. Dieses bewusste, langsame Denken ist anstrengend und benötigt Energie (in Form von Adenosintriphosphat, ATP). Völlig klar, dass wir im entscheidenden Moment die Kontrolle über die Vorgänge in unserem Gehirn aktiv übernehmen müssen und daher in dieser Situation nicht mit leeren Akkus dastehen wollen. Wenn kontrolliertes, langsames Denken Energie kostet, sollten wir vorbereitet sein und entsprechend Energie zur Verfügung haben. Erst dann kann kontrollierendes, bewusstes, langsames Denken aktiviert werden.

Welche Erkenntnisse helfen dabei, im entscheidenden Augenblick nicht mit leerem Akku dazustehen?

Das Grundprinzip der Leistungsfähigkeit bei beanspruchenden Anforderungen lässt sich anhand des von Hans Selye beschriebenen allgemeinen Adaptationsmodells verdeutlichen, welches die körperlichen Reaktionen auf Stress erklärt.[68] Die Stressreaktion ist ein Mechanismus des unterbewussten, schnellen Denkens mit dem Ziel, in Gefahrensituationen das Überleben des Organismus zu sichern. Dieser Mechanismus erfolgt schnell, ohne Logik und ohne willentliche Anstrengung.

Bei wahrgenommener Gefahr – eine Interpretation des Unterbewussten – wird immer ein physiologisch höchst komplexer dreistufiger Reaktionsmechanismus in Gang gesetzt:

- Alarmreaktion: Innerhalb kürzester Zeit ist der Organismus kampf- oder fluchtbereit. Dies betrifft körperliche und auch mentale Prozesse: Der Organismus wird mobilisiert. Diese Prozesse kennt jeder – in einer Besprechung wird man plötzlich zu einer Stellungnahme aufgerufen, im Straßenverkehr wird man von der Polizei für eine Kontrolle zum Anhalten aufgefordert oder aber der Arzt kommt mit einer Spritze in der Hand in den Behandlungsraum. Viele alltägliche Situationen erzeugen bei uns unmittelbar eine Stressreaktion. Sympathikusaktivierung und Hormonausschüttung (unter anderem Adrenalin) sorgen für die entsprechenden körperlichen und mentalen Reaktionen: Man reagiert mit erhöhtem Pulsschlag, der Blutdruck geht hoch, man beginnt zu schwitzen, die Muskulatur spannt sich an. Die Pupillen weiten sich, um mögliche Bedrohung wahrzunehmen, das Schmerzempfinden wird abgeschwächt, das Erinnerungsvermögen (Erkennen von möglicher Bedrohung) geschärft.

- Widerstandsphase: Der Organismus ist jetzt mobilisiert und widerstandsfähig gegenüber dem Stressor. Jetzt gilt es, diesem zu begegnen und ihn zu bewältigen. Die Phase des Widerstands kann je nach individueller Konstitution unterschiedlich lang aufrechterhalten werden.

- Erschöpfungsphase: Auf Dauer ist der menschliche Körper allerdings aufgrund mangelnder Ressourcen nicht in der Lage, eine anhaltende Belastung zu kompensieren. Der Organismus ist überlastet und die Stressbewältigung kann nicht mehr sichergestellt werden. Daher ist chronischer Stress auch mit negativen gesundheitlichen Folgen und vielen Zivilisationskrankheiten assoziiert.[69]

Kurz gesagt ist akuter Stress ein Leistungsbooster. Gerade Spitzensportler sind fast süchtig nach diesem Kick. Es ist dieses »Kribbeln«, bevor es losgeht. Daher wird es auch als Vorstartzustand bezeichnet. Insofern ist es wichtig, die entsprechenden körperlichen Reaktionen richtig zu interpretieren, bevor man die Situation angeht, in der es drauf ankommt. Dieses Kribbeln, bevor es losgeht, ist vielleicht ungewohnt, aber ein deutliches Zeichen, dass der Organismus bereit und maximal auf Leistung eingestellt ist. Ganz klar: ein positives Signal. Gerade jetzt ist Gelassenheit und Zutrauen in die lange aufgebauten und entwickelten Systeme angebracht.

Was bedeutet dieses Modell für die entscheidenden Situationen?

1. Vor der entscheidenden Anforderungssituation die körperlichen Stressreaktionen zu spüren hilft, die op-

timale Leistung zu erbringen. Die Stressreaktion bereitet den Körper auf die bevorstehende Belastung vor, mobilisiert und macht ihn leistungsfähig. Dabei sollte die Mobilisierung jedoch erst unmittelbar vor der Anforderungssituation stattfinden und nicht bereits mehrere Stunden oder sogar Tage vorher.

2. Das erhöhte Widerstandsniveau ist nur begrenzt lange aufrechtzuerhalten. Chronischen Dauerstress sollte man daher unbedingt vermeiden.

Das allgemeine Adaptationsmodell konnte Selye auch mithilfe von sozialem Stress bei Tupajas (Spitzhörnchen) belegen. Tupajas sind tagaktive Säugetiere, sie leben als Paare in Territorien und zeigen ein ausgeprägtes Revier- und Rivalitätsverhalten. Wird ein fremdes Tupaja-Männchen in den Käfig zu einem solchen Paar gesetzt, beginnt sofort ein Rivalitätskampf zwischen den beiden Männchen, der die Dominanzbeziehung klärt. Sobald der Unterlegene sich unterwirft, beendet der Sieger seine Attacken und zeigt kein Interesse mehr an dem Unterlegenen. Der Unterlegene wiederum verkriecht sich in ein möglichst geschütztes Versteck, das er nur zum kurzen Trinken und Fressen verlässt. In den folgenden Tagen finden keine oder nur seltene Kämpfe zwischen den Rivalen statt. Nichtsdestotrotz verschlechtert sich der Zustand des Verlierers dramatisch. Er verliert täglich bis zu 10 Prozent seines Gewichts, putzt sich nicht, wird apathisch und stirbt innerhalb weniger Tage. Doch die Todesursache liegt keinesfalls in den unmittelbaren Folgen des Kampfes. Vielmehr sorgt allein schon die permanente Anwesenheit des Siegers für extremen anhaltenden Stress. Selbst wenn die Tiere durch eine Gitterwand getrennt werden, sodass Attacken nicht mehr möglich sind, aber der Verlierer trotzdem noch der Anwesenheit des Siegers ausgesetzt ist, stirbt er innerhalb von ein bis zwei Wochen.

Werden die beiden Tiere hingegen durch eine undurchsichtige Wand voneinander getrennt, regeneriert sich der Verlierer, selbst wenn man die beiden wochenlang täglich für einen kurzen Kampf zusammenbringt.[70]

Die Erkenntnisse aus dem allgemeinen Adaptationsmodell führen zu einem grundlegenden Prinzip der Trainingslehre. Nach diesem Prinzip erreicht ein trainingswirksamer Reiz nur dann seinen Effekt hinsichtlich einer Leistungssteigerung, wenn zwischen Trainingsreiz und erneutem Reiz eine angemessene Pause (Regeneration) liegt. Ist die Pause zu kurz, droht ein Übertraining; ist die Pause zu lang, ist der Effekt des Trainings verpufft. Im Spitzensport nennt man diesen passenden Wechsel von Trainingsreiz und Pause auch Belastungssteuerung. Dabei geht es darum, Trainings- und Wettkampfbelastungen so mit Regenerations- und Ruhephasen zu verbinden, dass der Sportler leistungsfähig bleibt und gegebenenfalls sogar ein Leistungszuwachs möglich ist.

Analog zur körperlichen Belastung muss die Leistungsfähigkeit mittels Regeneration auch für kognitiv beanspruchende Tätigkeiten aufrechterhalten werden. Aktivitäten, die hohe Anforderungen an unseren Verstand, also an das langsame Denken, stellen, erfordern Selbstkontrolle, und die Ausübung von Selbstkontrolle ist erschöpfend und anstrengend – sie kostet Energie. Diese sich erschöpfende Selbstkontrolle wird häufig analog zur Muskelbeanspruchung erklärt.[71] Die Kraft eines Muskels erschöpft sich unter Beanspruchung fortwährend, kann allerdings bei hoher Motivation (etwa im Zielsprint beim Marathon) nochmals aktiviert werden – was bei anderen Energieträgern, beispielsweise einer Batterie, nicht möglich ist.

Den Verlust der Selbstkontrolle merkt man im Alltag gelegentlich auch bei sich selbst: Wenn der Akku leer ist, man sich also genervt, müde oder hungrig fühlt, reagiert man deutlich emotionaler als im ausgeruhten Zustand. Die Impulskontrolle lässt nach, man greift zur Süßigkeit oder zur Zigarette, und auch die Leistungskontrolle, das heißt das »Dranbleiben« an einer Tätigkeit, fällt deutlich schwerer.

Es ist sogar beängstigend, wenn man sieht, wie sehr äußerst relevante Entscheidungen in unserer Gesellschaft davon beeinflusst sind, ob die betroffene Person einen vollen oder einen leeren Akku hat. In einer bemerkenswerten Studie wurden Urteile von Richtern zur Frage der Haftverschonung von Häftlingen untersucht.[72] Spricht der Richter eine Haftverschonung aus, geht er ein gewisses Risiko ein. Der Häftling könnte ja rückfällig werden. Ein sorgfältiges Abwägen des Für und Wider ist erforderlich: langsames Denken. Das ist anstrengend und kostet Energie. Die Haftverschonung abzulehnen ist dagegen ohne Risiko, also die für den Richter einfache und sichere Variante. Die Forscher entdeckten dabei ein immer wiederkehrendes Muster im Tagesverlauf aller Richter: Zu Beginn eines Sitzungstages lag die Freilassungsquote bei ca. 65 Prozent, dann urteilten die Richter aber zunehmend ablehnender, bis sie schließlich fast jedes Gesuch ablehnten. Nach einer Frühstücks- und Mittagspause sprang die Freilassungsquote abrupt auf 65 Prozent hoch und nahm anschließend wieder kontinuierlich ab. Anscheinend gibt also nicht allein die objektive Faktenlage den Ausschlag für das Urteil, sondern auch der Zeitpunkt im Tagesverlauf – in Abhängigkeit von der mentalen Leistungsfähigkeit des Richters.

Wenn Menschen müde und kognitiv erschöpft sind, greifen sie häufig auf einfache Faustregeln zurück, um eine Entscheidung zu treffen (siehe das Rechenbeispiel mit Schläger und Ball im zweiten Kapitel). Bei mentaler Erschöpfung lassen sich Menschen in ihren Entscheidungen eher von inhaltsleeren Botschaften und Informationen, zum Beispiel in Werbespots, leiten.[73]

Es hört sich vielleicht seltsam an, aber um im entscheidenden Moment nicht mit bewusstem Denken in den antrainierten und automatisierten Bewegungsablauf einzugreifen, ist tatsächlich Energie und Aufwand nötig. Das bewusste Denken muss aktiv beschäftigt werden. Man kann es in solchen Situationen nicht einfach abschalten – man muss es steuern und kanalisieren können (mehr dazu im elften Kapitel). Denn das bewusste Denken soll unterstützen und nicht stören. Doch dazu benötigt man nicht zuletzt Energie, einen vollen Akku.

Daher ist ein situationsangemessener Wechsel zwischen Anspannung und Entspannung eine essenzielle Fertigkeit, um Topleistung zu erbringen: Die Mobilisierung, wenn's drauf ankommt, sollte gezielt angesteuert werden können – genauso wie Regeneration und Erholung in den Pausen. Denn auch der Zustand der Kompetenzüberzeugung stellt sich ehei ein, wenn man das Gefühl hat, entsprechend gut regeneriert zu sein und im entscheidenden Moment adäquat Spannung aufbauen zu können.[74]

Wie kann das gelingen? Welche Strategien nutzt man im Spitzensport, um den Sportler optimal regeneriert in den Wettkampf zu schicken? Eine einfache Möglichkeit zur Umsetzung dieser Fertigkeit ist das Erstellen eines Tages- und Wochenplans, in dem die Zeiträume für Mobilisation und

Regeneration festgehalten werden: »Wann ist mein Wettkampf? Wann ist Zeit für eine Pause?« Meist sind die Zeiten für die »Wettkämpfe« von außen vorgegeben. Daher ist es entscheidend, sich bewusst Zeit für die Erholung einzuräumen. Wenn also nach einem langen Arbeitstag abends um 19 Uhr noch ein wichtiges Teammeeting ansteht, sollte unmittelbar vor dieser Sitzung noch eine kurze, aber intensive Erholungspause eingeplant werden.

Um Erholungsphasen möglichst effektiv zu gestalten, sind verschiedene Verfahren entwickelt worden, zum Beispiel Atementspannung oder progressive Muskelentspannung.[75] Prinzipiell wirken Entspannungsverfahren auf zwei verschiedene Weisen:

- eine sensorische, körperliche Stimulation oder
- eine kognitive, vorstellungsbezogene Stimulation.

In der Kombination solcher Elemente liegt der Erfolg effektiver und schnell erlernbarer Entspannungsmethoden. Ziemlich effektiv ist eine Kombination aus Atementspannung und Fantasiereise mit Unterstützung von Musik.

- Eine angenehme Sitz- oder Liegeposition einnehmen.
- Auf die Atmung achten (tief in den Bauch einatmen, auf die Atempause achten).
- Sich an angenehme Erlebnisse (Urlaub etc.) erinnern und sich in der Vorstellung dorthin begeben (hilfreich hierfür ist auch ein schönes Foto aus dem letzten gelungenen Urlaub, das man vorsorglich bei sich haben sollte).
- Zudem ist das Hören von Musik (auch über Kopfhörer) eine sehr gute, ergänzende Entspannungsmethode.

Die Musik sollte allerdings ruhig sein, was sich auf die BPM (Beats per Minute) bezieht. Der Organismus (Herzschlag) passt sich diesen BPM an. Insofern sollten die gehörten Stücke weniger als 60 BPM aufweisen.

Schon nach wenigen Minuten sollte sich eine merkliche Entspannung einstellen; zur Kontrolle kann man über eine Pulsuhr die eingetretene Entspannung am beruhigten Puls feststellen.

Aber auch der kurze Gang um den Block, das Zubereiten einer Tasse Tee oder ein Plausch mit Kollegen hat einen entspannenden Effekt und sollte systematisch in den Tagesablauf eingeplant werden.

Pausen zu machen ist eine professionelle Vorbereitung auf die nächste Hochleistungsphase. Eine Pause sollte kein schlechtes Gewissen hinterlassen. Ein Durcharbeiten ohne Pause ist möglich – aber nicht auf hohem Niveau.

Neben diesen akuten Erholungsmethoden sollten auch längere Regenerationsphasen eingesetzt werden, um die langfristige Leistungsfähigkeit zu erhalten. Allerdings hat einer Studie zufolge Urlaub nur einen begrenzten Nutzen, denn die positiven Auswirkungen auf die Erholung sind im Schnitt bereits nach rund zwei Wochen wieder verschwunden.[76] Also sind neben dem Urlaub noch zusätzliche Auszeiten nötig.

Hans Eberspächer nennt diese regelmäßigen, größeren Auszeiten »Gegenwelt«.[77] Eine Gegenwelt ist der Gegensatz zur Berufswelt – hier gelten andere Normen und Werte. In der Gegenwelt muss man nicht den beruflichen Anforderungen entsprechend konform gekleidet sein, sich entsprechend verhalten und Ergebnisse liefern, sondern sie dient als

Ladestation: Hier wird Energie getankt und der »Akku« wieder aufgeladen. Wichtig ist die Regelmäßigkeit, mit der man sich seiner Gegenwelt widmet. Als grobe Faustregel sollten es mehrere Stunden in der Woche sein. Welche Gegenwelt einen am besten unterstützt, muss jeder für sich selbst herausfinden. Es kommt ganz darauf an, was einen abseits des Berufsalltags glücklich und zufrieden macht. Egal, ob es nun Wandern, Motorradfahren, Kochen oder das Haustier ist, folgende Merkmale kennzeichnen eine Gegenwelt:[78]

- Die Freude am Tun steht im Mittelpunkt, nicht das Erreichen eines bestimmten Ziels.
- Man ist sein eigener Herr und bestimmt selbst, wann und warum man etwas tut.
- Es herrscht das Prinzip der Freiwilligkeit und es gibt keine Verpflichtungen.

Häufig meint man, dass für die Gegenwelt keine Zeit mehr übrig sei, oder es stellt sich sogar ein schlechtes Gewissen ein, wenn man die Gegenwelt aufsucht. Doch ein Blick auf die oben genannten Kriterien zeigt, dass die Gegenwelt wesentlich mehr ist als nur Freizeit. Sie unterstützt die psychische Leistungsfähigkeit, wenn man sie bewusst und regelmäßig zur Regeneration aufsucht. Vielmehr zeugt es von Professionalität, die Gegenwelt als Maßnahme zur Vorbereitung auf eine Anforderungssituation systematisch einzusetzen.

Um in der Wettkampfsituation zu verhindern, dass das langsame Denken in den vorhandenen Automatismus eingreift, benötigt man Energie. Ein voller Akku ist dann eine wichtige Voraussetzung für den Moment, wenn's drauf ankommt. In vielen Fällen ist es deshalb hilfreich, sich den eigenen Beanspruchungszustand durch ein regelmäßiges Monitoring vor Augen zu führen. Das regelmäßige Abfragen (zum Beispiel auf einer Skala von 1 bis 10) von Schlafqualität, körperlicher und mentaler Befindlichkeit und die regelmäßige Aufzeichnung dieser Daten im Verlauf, Tag für Tag, kann helfen, rechtzeitig mit passender Pausengestaltung darauf zu reagieren und somit einem Erschöpfungszustand vorzubeugen beziehungsweise dann fit zu sein, wenn Wettkampf ist.

Man sollte für sich die Frage beantworten können, wann Wettkampf und somit Höchstleistung erforderlich ist. Wenn der Leistungszeitpunkt bekannt ist, kann man durch Pausengestaltung und eine Gegenwelt aktiv die Aktivierung so regulieren, dass der Akku voll ist, wenn's drauf ankommt.

Kapitel 5
Mit Kopfkino auf alles vorbereitet sein

Wir hatten bereits festgehalten, dass unser schnelles, unter-bewusstes Denken in Anforderungssituationen äußerst effektiv und effizient ist. Am Beispiel des Autofahrens wurde verdeutlicht, wie eine zunächst recht komplexe Tätigkeit mit der Zeit vom unterbewussten Denken übernommen wird und dann höchst effizient und zuverlässig funktioniert. Aber nur so lange, bis Unregelmäßigkeiten, Störungen oder Fragen entstehen.

In der Vorbereitung auf eine Stresssituation – im Sport der wichtige Wettkampf, in der Schule die mündliche Prüfung oder im Job die entscheidende Präsentation – muss die Performance im Vorfeld geübt werden, immer und immer wieder. Kompetenzüberzeugung stellt sich ein, wenn man das Gefühl hat, eine bestimmte Tätigkeit in einer bestimmten Situation bewältigen zu können. Das Problem ist nur: Viele Dinge, die in der Stresssituation äußerst relevant sein können (im Sport zum Beispiel das Verhalten des Gegners, die Witterungsverhältnisse oder die Atmosphäre im Stadion), kann man so häufig, wie es notwendig wäre, vorab gar nicht trainieren.

Um zu verhindern, dass man in der entscheidenden Situation unvorbereitet ist und dann aktiv mit bewusstem Denken eingreifen beziehungsweise eine Lösung suchen muss, sollte man besser auf nahezu jede mögliche Situation, Situationswendung und Eventualität vorbereitet sein. Erst die gefühlte Sicherheit, häufig ausgedrückt mit Sätzen wie »Komme, was wolle, ich bin bereit«, resultiert in einer ausgeprägten, belastbaren Kompetenzüberzeugung.

An dieser Stelle hilft mentales Training, in der Praxis häufig auch Kopfkino genannt.[79] Es handelt sich um das planmäßig wiederholte und bewusste Sich-Vorstellen einer Handlung ohne deren gleichzeitige praktische Ausführung. Darum findet mentales Training außerhalb des normalen Trainings statt, ist als ergänzende Trainingsform jedoch ein in der Sportpsychologie bewährtes und theoretisch wie empirisch fundiertes Verfahren.[80] Mentales Training ist das Simulieren einer tatsächlichen Handlung. Allerdings erfolgt das Erleben und Empfinden dieser Handlung nur in der Vorstellung. Eine solche Simulation kann durchaus mit dem tatsächlichen Erleben der Bewegung identisch sein. Ziel des mentalen Trainings ist es, eine optimale, differenzierte und intensive Vorstellung aufzubauen. Je präziser die Vorstellung entworfen wird, umso wirksamer kann sie in tatsächliche Handlungen umgesetzt werden. Deshalb ist es förderlich, verschiedene Sinneseindrücke, zum Beispiel akustische, taktile oder auch kinästhetische Informationen, in die Vorstellung zu integrieren.

Bei der Vorbereitung auf den Wettkampf soll mentales Training den Automatisierungsprozess beschleunigen. Durch die häufige Anzahl intensiver Vorstellungen der Handlungsabläufe sollen jene Prozesse angeregt werden, die Inhalte aus dem bewussten Denken in die unterbewusste Kontrolle transferieren. Es wurde schon darauf hingewiesen, dass die Automatisierung mit der Häufigkeit der Durchführung einhergeht. Im Folgenden wird nun gezeigt, dass es für diesen Prozess fast gleichgültig ist, ob ich eine Bewegung tatsächlich oder nur in der Vorstellung ausführe.

Aber zunächst noch ein paar wesentliche Grundlagen zum mentalen Training. Man kann im Kopf Zeitreisen unternehmen: verschiedene Optionen des eigenen Handelns in der Zukunft durchspielen und verschiedenste Szenarien simulieren. Im Kopf können wir uns von der Gegenwart lösen und in ein Szenario reisen, das es noch gar nicht gibt, oder aber uns in die Vergangenheit versetzen und ein Szenario erneut durchspielen, das längst der Vergangenheit angehört. Grundlage dieser Zeitreisen sind Vorstellungen. Solche Vorstellungen werden im Rahmen des mentalen Trainings vom bewussten Denken gesteuert; diese gezielten und hilfreichen Vorstellungen koordiniert der »bewusste Vorstandsvorsitzende«. Hier wird taktisch und strategisch vorgegangen mit dem Ziel, die unterbewussten Prozesse positiv zu beeinflussen. Diese Vorstellungen beeinflussen also positiv die Prognosen für das eigene Verhalten.

Personen versuchen in aller Regel, sich ihrer eigenen Vorstellung entsprechend zu verhalten. Darum sollte man möglichst passende und realistische Vorstellungen für das eigene Handeln in Anforderungssituationen entwickeln. Denn die Vorstellung einer Handlung ist wie eine Schablone für die praktische Umsetzung. Kann man seine Vorstellungen nicht in tatsächliches Handeln umsetzen, so bleibt man hinter seinen Erwartungen zurück und ist enttäuscht. Natürlich kann auch das Gegenteil eintreten, können die eigenen Vorstellungen übertroffen werden: »Das war ja viel besser, als ich gedacht habe!«

Durch die sorgfältige Erarbeitung und das regelmäßige Training der passenden, realistischen Vorstellungen werden die automatischen Funktionen des unterbewussten Denkens optimiert, programmiert und stabilisiert.[81] Denn durch das zusätzliche Training in der Vorstellung kann eine sehr hohe Anzahl an Trainings- und Wiederholungsdurchgängen erreicht und ein hohes Maß an Expertise entwickelt werden. Das führt dazu, dass auch in schwierigen Anforderungssituationen die Leistung zuverlässig und automatisiert durch das schnelle, intuitive Denken abgerufen werden kann. Außerdem kostet die Ausführung einer austrainierten Aufgabe durch das schnelle Denken deutlich weniger Energie.

Die Effektivität des mentalen Trainings – im Sinne einer Lernoptimierung, einer besseren und schnelleren Automatisierung von Bewegungselementen – ist in vielen Studien und mehreren Metaanalysen bestätigt worden und gilt als wissenschaftlich erwiesen.[82] Dabei zeigten sich übergreifend folgende Ergebnisse:

- Mentales Training ist wirksamer als kein Training.
- Praktisches Training ist wirksamer als mentales Training.
- Mentales und praktisches Training im Wechsel sind wirksamer als praktisches Training alleine.

Die Frage nach der Ursache der positiven Wirkung des mentalen Trainings konnte mithilfe von modernen bildgebenden Verfahren, zum Beispiel der Funktionskernspintomografie, geklärt werden. In den Bildern ist ersichtlich, dass die Vorstellung einer bestimmten Handlung dieselben neuronalen Areale aktiviert wie die tatsächliche Ausführung dieser Handlung. Für das Gehirn macht es also kaum einen Unterschied, ob die Handlung intensiv vorgestellt oder tatsächlich durchgeführt wird. Daher spricht man auch von der funktionalen Äquivalenz von vorgestellter und durchgeführter Handlung. (Es lassen sich aber auch ganz spezifische Unterschiede von vorgestellter und praktisch durchgeführter Bewegung aufzeigen.) So erklärt sich jedenfalls die Wirkung des mentalen Trainings auf das Unterbewusstsein: Das Gehirn lernt, als wäre es tatsächlich in der betreffenden Situation. Durch Wiederholung (real oder in der Vorstellung) werden Bewegungen und Handlungen im Unterbewusstsein immer stabiler verankert.

Allerdings ist auch das mentale Training an sich eine Fertigkeit, die Übung erfordert und erst im Laufe der Anwendung perfektioniert werden kann. Gerade zu Beginn des Trainings kommt es immer wieder zu einer Reihe von typischen Störungen. In der Praxis berichten Sportler, dass der Bewegungsablauf stoppt oder lückenhaft ist, die Bewegungsvorstellung zu schnell oder zu langsam ist oder sogar rückwärts abläuft.

Die Entwicklung einer passenden Vorstellung ist Aufgabe des bewussten Denkens. Sie kostet Energie und ist anstrengend. Sie ist jedoch eine wesentliche Voraussetzung für den wirksamen Einsatz des mentalen Trainings. Denn leider zeigt auch das Training von fehlerhaften oder unzweckmäßigen Vorstellungen einen Trainingseffekt, und dann werden die unerwünschten Handlungsmuster stabilisiert.

Um sich eine passende Vorstellung zu erarbeiten oder zu entwickeln, müssen unter Umständen auch bereits abgespeicherte und automatisierte Abläufe erneut bewusst gemacht werden – zum Beispiel, um antrainierte Fehler zu korrigieren. Dies betrifft jedoch meistens keine grundlegenden Mechanismen wie den Gleichgewichtssinn beim Fahrradfahren. Dennoch zeigen Untersuchungen auch, dass bei motorisch dominierten Bewegungen, etwa beim Wiedererlernen der Gehbewegung, mentales Training hilfreich und wirkungsvoll sein kann.[83] Allerdings steigt die Effektivität des Kopfkinos, je mehr kognitive Anteile die Aufgabe enthält. Tanzschritte, taktische Aufgaben im Spielsport oder der Ablauf eines Slaloms beim Skifahren sind Aufgaben mit hohen kognitiven Anteilen. Außerdem müssen die situativen Gegebenheiten der geforderten Handlung vorweggenommen und in die Bewegungsvorstellung integriert werden.

Zum Aufbau einer perfekten Vorstellung nutzt man in erster Linie die Erinnerung an eine Situation, in der man eine vergleichbare Aufgabe erfolgreich bewältigt hat. Auch Erinnerungen sind allerdings subjektive Konstruktionen – stimmige Geschichten, die uns das Unterbewusstsein liefert, die jedoch auch einem fortlaufenden Veränderungsprozess unterliegen. Sind die Erlebnisse besonders intensiv und emotional, werden die Erinnerungen sehr viel detaillierter angelegt als unter normalen Umständen. Man spricht dann auch von »Zeitdehnung«[84], weil man den Eindruck hat, als hätte man die betreffende Situation in Zeitlupe erlebt. Wer sich solche Erlebnisse in Erinnerung ruft, erlebt nämlich die Detaildichte so, als hätte sie sehr viel mehr Zeit in Anspruch genommen.

Neben dem aktiven Erinnern bietet sich als zusätzliche Methode das Erstellen eines Drehbuchs zum Aufbau einer adäquaten Handlungs- oder Bewegungsvorstellung an. Dann beschreibt man den geforderten Handlungsablauf, fasst ihn in Worte oder skizziert ihn. Hier ist vor allem die *individuell* optimale und situativ angemessene Beschreibung der Handlung relevant, denn die Bewältigung ein und derselben Anforderung wird von verschiedenen Personen teilweise völlig unterschiedlich erlebt.

Außerdem sollten auch situative Faktoren (zum Beispiel anwesende Personen) in die Vorstellung mit aufgenommen werden, denn dieselbe Handlung muss in anderen Kontexten eventuell anders aufgebaut und durchgeführt werden. Gegebenenfalls ist es hier auch zielführend, einen erfahrenen Experten, der die Situation oder Anforderung gut kennt, hinzuzuziehen.

So wird zum Beispiel im Fußball versucht, durch Scouts relativ viel über den Gegner herauszufinden. Beim Boxen versucht man über Wettkampfbeobachtungen die Eigenarten des Gegners zu lesen, um die eigene Kampfkonzeption daran anzupassen und in der Vorbereitung auf den Wettkampf zu trainieren. Beim Skispringen versucht man bereits lange vor der Weltmeisterschaft, möglichst viele Trainingseinheiten auf der WM-Schanze durchzuführen, um das Bewegungsgefühl für den Radius der Schanze genau justieren zu können.

Besonders wichtig bei der Beschreibung einer Handlung ist es, in diesem Drehbuch das *Erleben* der Tätigkeit nachzuvollziehen. Ziel ist nicht eine möglichst objektive Beschreibung der Handlung aus der Außenperspektive, sondern es kommt auf die inneren Prozesse und das subjektive Erleben der Handlung an. Daher kann es helfen, Drehbücher mit konkreten Hinweisen ähnlich wie bei Filmproduktionen anzufertigen und dabei besonders auf die emotionalen Tönungen und Stimmungen zu achten. Zudem kann es sinnvoll sein, in seinem Drehbuch alle Eventualitäten, die auftreten könnten, durchzuspielen. Neben dem optimalen Handlungsverlauf beinhaltet das Drehbuch dann auch passende Handlungsalternativen.

Ergänzend zur Drehbuch-Methode können auch Videoaufzeichnungen dabei helfen, eine entsprechende Vorstellung zu entwickeln. Grundlage für solche Visualisierungen sind die Erkenntnisse zu Spiegelneuronen.[85] In Untersuchungen am prämotorischen Kortex von Affen wurden Neurone identifiziert, die bereits bei der Beobachtung einer Tätigkeit genauso aktiviert sind wie bei der tatsächlichen Ausführung. Während der Affe also beobachtet, wie ein Artgenosse eine Erdnuss nimmt und verzehrt, spielt er diese Handlung in seiner Vorstellung nach. Er spiegelt das motorische Verhalten seines Artgenossen und zeigt damit, dass er es nachvollziehen kann.

Dieses Muster konnte auch beim Menschen bestätigt werden.[86] Die Beobachtung von Handlungen anderer Menschen aktiviert im Gehirn des Beobachters das motorische Schema, das auch für die eigene tatsächliche Ausführung der Handlung verantwortlich wäre. Die wahrgenommene Handlung wird direkt auf eine interne motorische Repräsentation übertragen, sodass sie in der Vorstellung nachvollzogen werden kann. Dieses Spiegeln resultiert in manchen Fällen auch in einer messbaren motorischen Reaktion. So reagierten Probanden in einem Experiment, bei dem ihnen ein Foto eines lächelnden oder ernsten Gesichts gezeigt wurde, mit einem Zucken vergleichbarer Muskeln.[87] Sie ahmten mit ihren Gesichtsmuskeln also automatisch den Gesichtsausdruck nach, den sie sahen.

Das intensive Nacherleben des Empfindens einer beobachteten Person erlebt man auch bei der Betrachtung von Videos über Missgeschicke anderer. Fernsehformate wie *Pleiten, Pech und Pannen* bestehen aus nichts anderem als Amateuraufnahmen über Misslingendes. Bei vielen Sequenzen fühlt man genauso schmerzhaft mit, was der gezeigten Person widerfährt.

Dieses Phänomen kann nun auch eingesetzt werden, um positiv auf die eigene Kompetenzüberzeugung einzuwirken.

In der Vorbereitung auf wichtige Wettkämpfe schauen sich viele Sportler immer wieder intensiv Videoausschnitte ihrer eigenen gelungenen Performance an, um Überzeugung in die eigenen Fähigkeiten aufzubauen. Heutzutage ist der Videoeinsatz durch die technische Weiterentwicklung in den letzten zehn Jahren eine einfache und überall einsetzbare Methode. Mittlerweile ermöglicht jedes Smartphone jederzeit eine Videoaufzeichnung der eigenen Performance.

Gerade in der längerfristigen Vorbereitung ist es empfehlenswert, mentales Training einzusetzen, um Handlungen zu optimieren und gegebenenfalls bereits gefestigte Fehler loszuwerden. Jetzt ist noch ausreichend Zeit, um sich bereits automatisierte Anteile der Bewegung bewusst zu machen, diese zu analysieren und gegebenenfalls die Vorstellung zu verändern oder anzupassen.

Allerdings ist zu erwarten, dass die Bewegung, wenn sie über das Bewusstsein reguliert wird, gar nicht so gut funktioniert wie vielleicht gedacht. Auch dies bestätigen wissenschaftliche Untersuchungen:[88] In einer Studie wurden zum Beispiel Golfexperten gebeten, entweder einen Putt zu spielen, ihn danach ausführlich zu beschreiben und dann wieder zu putten, oder aber lediglich zu putten, ohne Beschreibung im Nachhinein, und ebenfalls ein zweites Mal zu putten. Die Golfer, die zuvor den Putt genau analysieren sollten, brauchten doppelt so viele Versuche für den Putt wie die andere Gruppe. Man braucht demnach also erneut Zeit und viele Wiederholungen, um die modifizierte Bewegungsvorstellung in unterbewussten Regulationsebenen zu verankern.

Eine häufige Anwendungsform des mentalen Trainings in der Vorbereitung ist das Einüben von Situationen, die im praktischen Training gar nicht oder nur selten geübt werden können. So ist es Fußballern nicht möglich, im Training das Verhalten des Gegners exakt zu simulieren oder bestimmte, aber entscheidende Situationen (etwa das Verhalten nach einem Gegentor zum 0:1 in der 85. Minute) zu trainieren. Dennoch muss man auch auf solche Situationen vorbereitet sein, um nicht erst auf dem Platz bewusst überlegen zu müssen, was denn jetzt am besten zu tun sei.

Zur praktischen Anwendung des mentalen Trainings sind noch folgende Hinweise nützlich:

- Bei der Dosierung des mentalen Trainings gilt: Qualität vor Quantität. Es ist empfehlenswert, mehrfach täglich (zwei- bis drei-Mal) in kurzen Einheiten von ca. fünf Minuten mental zu trainieren. Wichtig ist, dass Qualität und Intensität des Vorstellungstrainings hoch sind. Das heißt, es sollte unter Einbezug von intensiven Bewegungsempfindungen trainiert werden. Zudem sollte sich das mentale Training immer an der individuell idealen Durchführung orientieren. Werden dagegen Fehler oder mangelhafte Bewegungssequenzen vorgestellt, hat dies einen negativen Trainingseffekt.

- Beim mentalen Training ist grundsätzlich zu unterscheiden zwischen Außenperspektive (man sieht sich in der Vorstellung beim Bewegungsablauf selbst von außen zu) und Innenperspektive (man sieht in seiner Vorstellung das gleiche optische Bild, das man beim tatsächlichen Bewegungsablauf als Aktiver sehen würde). Es ist allerdings nicht zu erklären, warum manche Menschen die Innen- und manche die Außenperspektive bevorzugen. Für die Wirksamkeit des mentalen Trainings ist die Perspektive übrigens unerheblich. Wichtig ist die Integration der oben angesprochenen intensiven Bewegungsempfindung. Und dies geht auch aus der Außenperspektive.

- In der Regel empfiehlt sich zum mentalen Trainieren eine entspannte, neutrale Körperhaltung, etwa das Sitzen oder Liegen. Es gibt allerdings Sportler, die die Position bevorzugen, in der später auch die Bewegung tatsächlich durchgeführt wird (beim Motorradfahren: sitzen auf dem Motorrad, beim Rodeln: liegen auf dem Rennrodel, beim Biathlon: im Stehendanschlag stehen mit der Waffe in der Hand).

- Prinzipiell bieten sich alle Zeitpunkte an, in denen es möglich ist, in Ruhe für ein paar Minuten die Augen zu schließen (zum Beispiel bei Reisen oder im Rahmen der Pausengestaltung). Aus neurophysiologischer Sicht ist der Zeitpunkt abends im Bett vor dem Einschlafen ideal für das mentale Training, da nachts Inhalte aus dem Kurzzeitgedächtnis ins Langzeitgedächtnis übergehen.

Auch außerhalb des Sports werden Experten mit mentalem Training auf Routinen und Ausnahmesituationen vorbereitet. So werden beispielsweise Piloten angeleitet, eine Landung mit Triebwerksausfall mental zu trainieren – auch wenn diese Situation äußerst unerwünscht ist. So beschreibt etwa ein Flugkapitän, wie er sich durch mentales Training auf schwierige Situationen vorbereitet:

Ein Start in München, voll beladenes Flugzeug Richtung Palma de Mallorca. Wenige Minuten nach dem Abheben ist ein Triebwerk aufgrund von Ölverlust ausgefallen. In einer

Fliegerkarriere tritt ein Triebwerksausfall, obwohl er sehr gut und häufig trainiert wird, extrem selten auf. Der Pilot fliegt seit über 30 Jahren und ist nun zum ersten Mal mit der Situation konfrontiert. Zunächst stellt er fest, dass die typischen Stressreaktionen erfolgen: »... der Pulsschlag steigt, man hat kurz das Gefühl, dass einem die Luft wegbleibt.« Jetzt muss er sich auf das verlassen, was er vorher trainiert hat. Es werden die Arbeitsschritte aktiviert, die in vielen Sequenzen im Simulator und bei mehrmaligem Training im Gehirn verankert wurden. Für das mentale Training, das für ihn eine besondere Bedeutung hat, wurde von diesem Piloten folgende Strategie entwickelt: Wenn er ungefähr eine Stunde mit der S-Bahn von zu Hause zum Flughafen fährt, hat er in seinem Pilotenkoffer ein kleines Heft dabei, in dem alle Drehbücher für alle denkbaren abnormalen Situationen aufgelistet sind. In der S-Bahn holt er sich dieses Heft heraus und schlägt eine beliebige Seite auf. Zum Beispiel steht da: »Ausfall des Landeklappensystems«. Nun versucht er, sich vorzustellen, dass genau dieses Problem bei diesem Flug auftritt. Er klappt sein Heft wieder zu, versucht, sich mental in die Boeing 737 zu setzen, und stellt sich vor, wie eben bei diesem Flug das Problem »Ausfall des Landeklappensystems« zu bewältigen ist.[89]

Hier bietet mentales Training die Möglichkeit, auch Notfälle zu trainieren und Piloten optimal darauf vorzubereiten. Durch das mentale Training baut ein Pilot automatisiertes, intuitives Handeln auf, sodass er diese Krisensituation auch unter hohem Stress zuverlässig bewältigen kann.

In vielen entscheidenden Situationen weiß man schon lange vorher, mit welchen Wendungen und Eventualitäten man unter Umständen zu rechnen hat: mit bestimmten Fragen in einer Prüfungssituation, typischen Gegenargumenten bei anstehenden Diskussionen oder kritischen Situationen während eines Vortrags, zum Beispiel mit dem Ausfall der Technik. Auf solche Situationen kann man sich durch mentales Training vorbereiten und erlebt sich selbst dann als souverän und gut vorbereitet.

Das schnelle Denken braucht einen großen Erfahrungsschatz – den kann man durch mentales Training geschickt und gezielt anreichern. Dies führt zu einer weiteren Kernbotschaft in der Vorbereitung auf den Moment, wenn's drauf ankommt:

In der Vorbereitung gilt es, durch mentales Training das Unterbewusstsein auf möglichst viele Routine- und Ausnahmesituationen vorzubereiten.

Kapitel 6
Vorbereitung ist Arbeit:
Nicht nur wollen, sondern auch machen

Während der Vorbereitung auf einen wichtigen Wettkampf ist in vielerlei Hinsicht äußerste Disziplin gefragt. Für Sportler geht es darum, Trainingseinheiten durchzuziehen, sich an Ernährungsvorschriften zu halten, Regenerationsvorgaben strikt einzuhalten und diszipliniert am Erreichen des Ziels zu arbeiten. Häufig bewundern wir die Sportler für diese Disziplin, weil es uns selbst im Alltag so schwerfällt, dranzubleiben und ein Ziel konsequent und diszipliniert zu verfolgen. Goethe prägte in seinem Roman *Wilhelm Meisters Wanderjahre* (1821) den Aphorismus »Es ist nicht genug, zu wissen, man muss auch anwenden; es ist nicht genug, zu wollen, man muss auch tun«. Prinzipiell zu wollen, aber nicht zum Tun zu kommen, ist offenbar ein Problem, das die Menschheit schon länger beschäftigt. Doch warum ist es so schwierig und so anstrengend, seine Absichten auch umzusetzen?

Auch hier hilft Kahnemans Zwei-Systeme-Theorie weiter: Das langsame, bewusste Denken formuliert die Ziele und Absichten, während das schnelle Denken stets schnelle, glaubhafte Ausreden liefert, warum es gerade jetzt fast unmöglich erscheint, an diesen Absichten und Zielen festzuhalten. Anders ausgedrückt liefert das schnelle Denken hinderliche irrationale Überzeugungen, etwa dass es für Probleme immer nur eine absolut richtige, perfekte Lösung gebe, oder die Überzeugung, man müsse immer und von allen gemocht werden, oder aber, man müsse sich immer kompetent und leistungsfähig verhalten.

Diese irrationalen Überzeugungen sind schon lange Thema der Verhaltenstherapie (Rational-Emotive Verhaltenstherapie),[90] die sich Menschen widmet, die unter blockierenden Einstellungen und Gefühlen leiden, welche sie an der Erreichung ihrer Ziele hindern. Irrationale Überzeugungen haben viele Menschen aber auch vor Wettkampf- oder Anforderungssituationen, obwohl sie die geforderten Aufgaben beherrschen und sie eigentlich gut vorbereitet sind: »Jetzt ist es wichtig, jetzt muss man was Besonderes, etwas Außergewöhnliches machen!« Irrationale Überzeugungen zu haben bedeutet aber nicht automatisch, dass man behandlungsbedürftig ist und einen Therapeuten aufsuchen sollte. Wenn es darum geht, aus dem Wollen ins Machen zu kommen, hilft es zunächst schon, sich die eigenen irrationalen Überzeugungen bewusst zu machen und sich letztlich mit ihnen auseinanderzusetzen.

Irrationale Überzeugung Nr. 1: »Kein Handeln ist möglich, das Ergebnis steht schon fest. Hier kann man nichts mehr machen.«

So hört man häufig von Personen die Sätze: »Ich bin halt so, das sind die Gene. Da kann ich ja nichts dran ändern«. Die Motivation, an sich zu arbeiten, ist nicht vorhanden beziehungsweise kann unter diesen Umständen gar nicht erst entstehen. Die Schuld an bestimmten Zuständen der unveränderbaren genetischen Disposition zuzuschreiben ist zwar in manchen Fällen durchaus gerechtfertigt, es verstellt aber den Blick auf Handlungsoptionen.

Irrationale Überzeugung Nr. 2: »Ich kann das nicht« oder »Ich traue mir das nicht zu«. Eine Handlungsoption wird zwar erkannt, bei der Einschätzung jedoch, welche eigenen

Ressourcen, welches Wissen und Können zur Verfügung stehen, erstellt das schnelle Denken dann eine ungünstige Prognose. Auch wenn die benötigten Kompetenzen, um eine Aufgabe bewältigen zu können, objektiv vorhanden sind, bedeutet dies nicht, dass die Handlung auch in Angriff genommen wird – eine irrationale, oft situativ geprägte Einschätzung verhindert es (vgl. das im dritten Kapitel zur Kompetenzüberzeugung Gesagte).

Irrationale Überzeugung Nr. 3: »Das bringt doch nichts!« Das Ergebnis führt angeblich nicht zu den erwünschten Folgen. Hier dominiert häufig die Erwartung, dass ein bestimmtes Verhalten unmittelbar und schnell zu den erwünschten Folgen führen müsse. Aber wie wir alle wissen, sind bei vielen populären Zielen (zum Beispiel Gewichtsverlust, Fitness, Muskelzuwachs, Gesundheit) ein langer Atem und viel Geduld gefragt.

So lässt sich die Wirkung einer ersten anstrengenden und schweißtreibenden Fitnesseinheit weder im Spiegel noch an Fitnesswerten oder sonst wo direkt ablesen. Auch der disziplinierte Beginn einer Diät zeigt erst nach Tagen oder Wochen die erwünschte Wirkung. Das wissen wir alle – das schnelle Denken liefert dennoch die Fragezeichen in den Kopf: Bringt das überhaupt was?

Die hier vorgestellten irrationalen Überzeugungen, die letztlich mit Erwartungshaltungen an Situation, Handlung, Ergebnis und Folgen verbunden sind, beziehen sich auf zweckorientierte Motivationsanreize.[91] Die Handlung ist hier wie eine Hürde, deren Überwindung dazu dient, zum erwünschten Ziel zu gelangen. Dazu ist Wille notwendig, und Wille ist mit Anstrengung verbunden. Darum ist es wichtig, dass das bewusste Denken die Kontrolle übernimmt. Dieser Weg zum Ziel wird nicht unbedingt aus Freude am Handeln gegangen, sondern weil er erforderlich ist, um das gewünschte Ziel zu erreichen.

Man darf jedoch beim längerfristigen Anstreben von Zielen den tätigkeitsorientierten Motivationsanreiz nicht vergessen.[92] In vielen Bereichen des Spitzensports ist die Ausführung der Tätigkeit selbst attraktiv und bereitet Freude. Wenn Spitzenleistung erreicht wird, spielt auch ein tätigkeitsorientierter Motivationsanreiz eine Rolle. Der Läufer entwickelt das »Runner's High«, der Skispringer erreicht ein Hochgefühl, wenn der Sprung richtig weit geht, und auch der Gewichtheber spürt mit Freude, dass er sein Gewicht kontrollieren kann. Unter Berücksichtigung dieser tätigkeitsorientierten Motivationsanreize kommt noch eine weitere irrationale Überzeugung hinzu.

Irrationale Überzeugung Nr. 4: »Es muss immer Spaß machen!« Die Handlung ist im Moment nicht attraktiv und es macht keine Freude, diese Tätigkeit auszuführen. Man erlebt es häufig, dass in der Vorbereitung auf einen Wettkampf – obwohl man eigentlich das macht, was sonst immer und bislang viel Freude bereitet hat – diese Tätigkeit zu eindimensionaler und eintöniger Arbeit verkommt und dabei der Spaß und die Freude am Tun verloren gehen. Rational betrachtet gehört dies allerdings zu jeder Art von Kompetenzentwicklung dazu. Geht es doch darum, durch ständige Wiederholung einen bestimmten Automatisierungsgrad zu erreichen. Eigentlich ist es völlig klar, dass dies nicht nur mit tätigkeitsorientierten Motivationsanreizen gelingen kann, sondern in den meisten Fällen eben auch mit Willen und Durchhaltevermögen verbunden ist. Andersherum kann die

Arbeit an einer Fertigkeit auch ein starker tätigkeitsorientierter Motivator sein. Denn an einer Tätigkeit Freude zu haben, kann auch beinhalten, mit ansteigendem Training zu erfahren, dass man es schon besser kann. Man kann sich nun sogar mit anderen vergleichen – nicht zuletzt, um die Erfahrung zu machen, dass man selbst diese Tätigkeit nahezu perfekt und am besten von allen kann.

Dennoch sind gerade in der Vorbereitung auf den Wettkampf Wille und Dranbleiben an den gesteckten Zielen ausschlaggebend. Und das heißt, mit bewusstem Denken den schnellen Lösungen des unterbewussten Denkens entgegenzusteuern. Das ist anstrengend und kostet Energie. Daher sind entsprechende Regenerationsmöglichkeiten und Pausen ausschlaggebend. Chronischer Stress und Überforderung sind kontraproduktiv, denn dann wird immer das unterbewusste Denken mit seinen schnellen, pragmatischen, aber nicht unbedingt zielführenden Lösungen die Denkinhalte beherrschen. Dieser Stress führt zu

- Kontrollverlust über die eigene emotionale Verfassung (man ist schneller gereizt, eingeschnappt und aggressiv),
- eingeschränkter Impulskontrolle (der Griff zu Zigarette, Süßigkeit, Chips oder sonstiger Ablenkung) und
- eingeschränkter Leistungskontrolle; man bleibt eben nicht dran, lässt nach und gewährt sich Ausnahmen.[93]

Ein bekannter Test, der sehr schön vor Augen führt, wie sich das bewusste Denken bei Dranbleiben und Durchhalten aktiv Gefechte mit dem unterbewussten Denkmuster liefert, ist der sogenannte Marshmallow-Test.[94] Dabei wurden vierjährigen Kindern Süßigkeiten (ein Marshmallow) angeboten. Anschließend wurden sie vor die Wahl gestellt, entweder die Süßigkeit sofort zu essen oder sie nicht gleich zu essen, um später noch eine zweite zu bekommen. Die Kinder sollten einen Anreiz bekommen, um der Versuchung zu widerstehen. Dieser Belohnungsaufschub gelang einigen Kindern, anderen hingegen nicht. In einer Studie, die die beteiligten Kinder noch mehrere Jahre begleitete, zeigte sich dann, dass die Kinder, denen der Belohnungsaufschub gelang, bessere Noten in der Schule hatten, mehr Erfolg im Beruf erreichten und einen gesünderen Lebensstil pflegten.[95] Der Marshmallow-Test belegt also die Bedeutung der Impulskontrolle – der Fähigkeit, kurzfristig auf etwas Verlockendes zu verzichten, um langfristige Ziele zu erreichen.

Um es nicht der Situation zu überlassen, ob zweckmäßige oder unzweckmäßige Gedanken das Handeln steuern, nutzt man in der Sportpsychologie die Technik der Selbstgesprächsregulation. Regulation von Selbstgesprächen? Führen wir tatsächlich Selbstgespräche? Es ist schon interessant: Die meisten Worte am Tage richten wir nicht an andere, sondern an uns selbst. Wir führen permanent Gespräche.

Das Selbstgespräch ist die »Stimme im Kopf«. Es ist also immer an die sprechende Person selbst gerichtet. Somit dient es im Gegensatz zu einem Gespräch mit mehreren Personen nicht der Kommunikation, sondern der Selbstregulation.[96] Es kann rein innerlich, also nur in Gedanken, stattfinden, ohne dass die Umgebung davon etwas mitbekommt; es kann aber auch laut und öffentlich ausgetragen werden.

Bei Selbstgesprächen kann unterschieden werden, ob sie aus dem langsamen oder aus dem schnellen Denken hervorgehen.[97] Meistens laufen sie unterbewusst und unkontrolliert ab. Solche Selbstgespräche sind von Interpretationen und Assoziationen des schnellen Denkens beeinflusst. Manchmal kann man bei sich selbst beobachten, wie plötzlich, scheinbar völlig unkontrolliert ein Selbstgespräch oder vielmehr ein kleiner Fluch aus einem herausplatzt – etwa wenn man erfolglos versucht, ein Regal aus dem Möbelgeschäft selbst aufzubauen.

Selbstgespräche aus dem langsamen Denken erfordern mentale Anstrengung. Die Technik der Selbstgesprächsregulation meint diese kontrollierten, aus dem langsamen Denken hervorgehenden Selbstgespräche. Hier wird zwischen proaktiven und reaktiven Selbstgesprächen unterschieden.

Reaktive kontrollierte *Selbstgespräche* werden benötigt, um emotionale und kognitiv verzerrte Selbstgespräche des schnellen Denkens (»Das wird sowieso nichts mehr, ich sollte aufhören!«) zu regulieren. Sind die in kognitiv verzerrten Selbstgesprächen entstandenen irrationalen Überzeugungen – höchst unzweckmäßige Gedanken – im Bewusstsein angekommen, dann können sie vom langsamen Denken kontrolliert werden: »Doch! Auch die letzten Meter schaffe ich noch!«

Proaktive Selbstgespräche hingegen werden mit einer spezifischen Absicht eingesetzt, um ein bestimmtes Verhalten ungestört und unbeeinflusst durchzuführen und aufrechtzuerhalten.

Man kann sich diese Vorgänge mit der Metapher von einem leeren oder einem vollen Wasserglas vor Augen führen: Ist das Glas leer, dann haben situative und Umwelteinflüsse eine Chance, einzudringen und über das schnelle Denken das Bewusstsein zu erreichen und als störende Gedanken das Handeln negativ zu beeinflussen. Besonders in stressreichen Anforderungssituationen werden die Selbstgespräche vom schnellen Denken bereitgestellt. Sie entstehen spontan und sind emotional/intuitiv geprägt. Solche Selbstgespräche sind sehr schwer zu kontrollieren, da sie, wenn überhaupt, nur langsam auf Logik und neue Informationen reagieren. Damit steigt die Gefahr irrationaler Einflüsse. Führt der Sportler allerdings sinnvolle und zielführende Selbstgespräche proaktiv, ist – bildlich gesprochen – das Wasserglas voll und die Einflüsse des schnellen Denkens finden keinen Platz mehr.

Schon lange vor einem Wettkampf werden zur Aufrechterhaltung von Motivation und Trainingseifer proaktive und reaktive Selbstgespräche eingesetzt. Zur Erinnerung: Es ist für das Bestehen in der Wettkampfsituation unbedingte Voraussetzung, dass unzählige Stunden Training und Vorbereitung erfolgt sind. Nur dann kann man wirklich von der eigenen Kompetenz überzeugt sein und loslassen, also dem Automatismus das Handeln überlassen. Das Durchhalten und Arbeiten am gesteckten Ziel macht natürlich nicht nur Spaß, sondern ist häufig eine langwierige Phase mit einigen Durststrecken und Tiefs. Gerade in diesen Phasen gilt es jedoch, adäquate Selbstgespräche zu entwickeln, um

a) proaktiv, also vorbereitet, in schwierige Situationen der Vorbereitung zu gehen und nicht von unangenehmen Situationen überrascht zu werden, und um

b) reaktiv mit entsprechend trainierten Selbstgesprächen auf negative oder leistungshemmende Gedanken reagieren zu können.

In der Vorbereitung auf den Wettkampf ist das Ziel in der Regel klar: Man weiß, wann Wettkampf ist. Auch im Alltag ist meistens klar, wann die Anforderungssituation, in der es drauf ankommt und in der man bestehen will, stattfindet (zum Beispiel eine Prüfung) oder wann sie entstehen könnte (bei Piloten etwa: mögliche Ausnahmesituationen beim Landeanflug). Doch häufig ist nicht eindeutig klar, auf welchem Weg das Ziel erreicht werden kann. Im Spitzensport werden in der Regel mithilfe von erfahrenen Trainern Trainingspläne mit Mikro- und Makrozyklen ausgetüftelt und an das individuelle Stärken-und-Schwächen-Profil angepasst. Dadurch kann auch die individuelle Überzeugung von der eigenen Kompetenz steigen, weil eben sehr erfahrene Experten die Trainingsmaßnahmen ausgewählt und aufeinander abgestimmt haben. Das vermittelt Sicherheit.

Wesentlich ist dabei die individuelle Passung. Es gibt immer verschiedene Möglichkeiten und Wege, ein Ziel zu erreichen. Welches ist der effektivste, welches der individuell passendste Weg? Die Gefahr besteht darin, sich zu verzetteln, nicht konsequent einen Weg zu gehen und letztlich nicht an die Wirksamkeit der Vorbereitung zu glauben. Daher ist es wichtig, bereits im Vorfeld gut abzuwägen, welcher Weg und welche Methode für einen selbst am vielversprechendsten sind und am besten zu einem passen. Grundsätzlich gilt schon, dass man sich auf dem Weg zu seinem Ziel einigermaßen wohlfühlen muss. Es muss nicht immer Spaß machen, denn an einem Ziel zu arbeiten ist mit Anstrengung verbunden und bedeutet Arbeit. Wenn allerdings jeder Schritt auf dem Weg zum Ziel eine Qual darstellt und innere Überwindung bedeutet, wird es sehr schwer, permanent mit aktivem, bewusstem Denken dagegenzuhalten. Das sollte nur in einigen, eher wenigen Momenten erforderlich sein.

Wenn man eine Methode für sich gefunden hat und davon überzeugt ist, dass dieser Weg zum erwünschten Ziel führt, und wenn man sich zutraut, diesen Weg konsequent zu verfolgen, dann gilt es, daran festzuhalten und diese Methode diszipliniert durchzuziehen, auch wenn immer mal wieder Zweifel und Unsicherheiten auftreten. Für das Bestehen in der Wettkampfsituation ist die Überzeugung wichtig, optimal vorbereitet zu sein, was durch den Rückblick auf eine konsequente Vorbereitung ermöglicht wird.

In dieser Phase der Vorbereitung sollte man jedoch mit zwei möglichen Hindernissen oder Erschwernissen rechnen und sich eine Strategie erarbeiten, um in solchen Situationen adäquat mit sich umzugehen – im Sinne der Zielvorgaben. Das erste zu erwartende Hindernis sind Rückschläge, also Situationen, in denen man von seinem Plan abgekommen ist und sich nicht adäquat verhalten hat. Will oder soll man sich konsequent an einen bestimmten Ernährungsplan zur Gewichtsreduktion halten, dann ist dies der Moment, in dem man doch zum Schokoriegel gegriffen oder eine Pizza gegessen hat. Wenn man einen bestimmten Fitnesszustand erreichen möchte, ist das der Moment, in dem man doch auf dem Sofa geblieben ist, anstatt die Laufschuhe zu schnüren.

Es hilft, wenn man sich das große Ziel in viele kleine Zwischenziele aufteilt und dann jede Trainingseinheit und jeden kleinen Trainingsfortschritt dokumentiert. Das trägt dazu bei, dass kleinere Rückschläge nicht als totale Katastrophe interpretiert werden, sondern sich als kleine, aber schnell wieder überbrückbare Wellen in der Leistungsentwicklung niederschlagen. Man ist dann weniger niedergeschlagen und vom eigenen Versagen enttäuscht, sondern entwickelt vielleicht sogar noch mehr Motivation, in den nächsten Tagen akribischer an den Zielen zu arbeiten. Auch hier siegen Vernunft und Objektivität, die letztlich nur durch das bewusste

Denken in die Bewertung einbezogen werden. Zudem haben Untersuchungen gezeigt, dass es bei Rückschlägen besser ist, sich zu verzeihen und neue Motivation aufzubauen.[98] Sich selbst fertigzumachen und an den eigenen Fähigkeiten, das Ziel zu erreichen, zu zweifeln, ist kontraproduktiv. Dann droht der sogenannte »What the hell«-Effekt: Aufbau einer irrationalen Überzeugung (»Das wird sowieso nichts!«) und Fortsetzung des ungünstigen Verhaltens.[99]

Ein weiteres Hindernis auf dem Weg zur Wettkampfform ist viel subtiler und nur schwer in den Griff zu bekommen: die moralische Lizenzierung.[100] Darunter versteht man die Überzeugung, dass Menschen eine Art moralisches Konto haben, auf das sie einzahlen, wenn sie im Sinne eines übergeordneten Ziels positiv agieren. Handeln sie zu einem späteren Zeitpunkt entgegengesetzt, so ziehen sie unterbewusst einen bestimmten Betrag von diesem moralischen Konto ab, sodass ein Schuldgefühl erst gar nicht entsteht – man erteilt sich selbst die Lizenz, undiszipliniert zu sein.

Das Phänomen der moralischen Lizenzierung ist uns natürlich nicht bewusst – aber das schnelle Denken, das wie gesagt auch keine Logik kennt, versucht uns hier stets entsprechende Angebote zu machen. Wenn wir uns im Supermarkt zu Beginn des Einkaufs brav mit Obst, Gemüse und Salat eingedeckt haben, scheint es legitim, sich kurz vor der Kasse noch bei Süßigkeiten, Keksen und alkoholischen Getränken zu bedienen. Schwierig wird es, wenn man über die moralische Lizenzierung den Weg mit dem Ziel verwechselt und sich zum Beispiel für eine gute Trainingseinheit mit einer Extraportion Süßigkeiten belohnt (weil man sich es ja verdient hat).

Besonders schön ist hier ein Beispiel, das Marktforschern in New York auffiel.[101] Es wurde festgestellt, dass mit der

Einführung gesünderer Produkte bei McDonald's, zum Beispiel Salate, die Absatzzahlen der Big Macs schlagartig anstiegen. Wie ist das zu erklären? Mit moralischer Lizenzierung! Man geht in das Fast-Food-Restaurant und hat eigentlich vor, sich gesund zu ernähren und auf sein Gewicht zu achten, hat aber Hunger. Zunächst hat man noch genug Energie, um sich bewusst vorzunehmen, diesmal ein gesundes Produkt wie einen Salat zu wählen. Doch dann steht man in der Schlange, sieht einen Kunden nach dem anderen mit leckeren Pommes frites und Burger an sich vorbeigehen und hört sich schließlich bestellen: »Einen Big Mac und einen Salat!« Dabei ist man fast noch stolz, den Salat bestellt zu haben. Ähnlich wie in dem oben, im vierten Kapitel, beschriebenen Beispiel mit den hungrigen Richtern ist das bewusste Denken nur eine gewisse Zeit lang imstande, den permanenten, aber eigentlich unerwünschten Vorschlägen und Lösungen des schnellen Denkens zu widerstehen.

Um mit diesen Hindernissen klarzukommen, muss man sich seiner Selbstgespräche oder Denkinhalte bewusst werden. Man sollte in kritischen Situationen sensibel sein für das, was sich gerade im Kopf abspielt, und, falls erforderlich, mit bewusstem Denken gegensteuern. Nur so ist es möglich, mit Rückschlägen und moralischer Lizenzierung fertigzuwerden und diese Hindernisse zu meistern oder zu umgehen. Es geht darum, den Kampf zwischen schnellen Lösungen des Unterbewussten und den vernünftigen und logischen Argumenten des bewussten Denkens zu erkennen, zu bewerten und die Gedanken aktiv in die wünschenswerte Richtung zu lenken.

Hilfreich für derart kritische Situationen ist es, sich Anker oder Rituale anzugewöhnen, bei denen automatisiert die

Frage gestellt wird: Was denke ich gerade? Sind meine Gedanken klar auf mein Ziel gerichtet oder springen sie zwischen Handlungsalternativen hin und her? Muss ich gegensteuern und korrigieren? Folgendes Frageschema erleichtert den Umgang mit unzweckmäßigen Selbstgesprächen:

1. Welche Gedanken spielen sich gerade in meinem Kopf ab?
2. Ist das, was mir gerade durch den Kopf geht, hilfreich oder störend für die Zielerreichung?
3. Welche Gedanken wären jetzt für mich in dieser Situation hilfreich und zielführend?
4. Welches Ritual könnte mir in der aktuellen Situation helfen, um die richtigen, hilfreichen Gedanken in den Kopf zu bekommen?

Hier stellt sich natürlich sofort die Frage, was denn richtige, hilfreiche Gedanken sind und wie sich diese von einem negativen Selbstgespräch oder störenden Gedanken unterscheiden. Die Bewertung, ob ein Selbstgespräch hilfreich und unterstützend ist oder nicht, ist höchst individuell. Ratschläge sind hier selten hilfreich – man muss bei sich selbst auf die Suche gehen und sich selbst aufmerksam und sensibel in Anforderungssituationen beobachten.

Das Verständnis dafür, wie individuell diese Selbstgespräche sind, erhält man bei dem Versuch, durch Unterstützung und Aufmunterung auf andere positiv einzuwirken. Dabei ist nämlich zu beachten, dass wir häufig davon ausgehen, dass das, was einem selbst beim Durchhalten in einer bestimmten schwierigen Situation geholfen hatte, bestimmt auch anderen helfen werde. Prinzipiell ist dies schon möglich – vorausgesetzt, wir kennen den anderen, mit dem wir es zu tun haben, sehr gut und am besten schon recht lange. Nur so konnte der Radfahrer Udo Bölts 1997 bei der Tour de France mit dem motivierenden Ausspruch »Quäl dich, du Sau!« dem späteren Toursieger Jan Ullrich über die Berge helfen.[102] Es wäre natürlich falsch anzunehmen, dass der Satz »Quäl dich, du Sau!« in allen Lebenslagen hilft, um Mitmenschen zu motivieren. In diesem speziellen Fall hat er aber genau diese Wirkung entfaltet – allerdings nur, weil sich Udo Bölts und Jan Ullrich schon seit Jahren kannten und er sich daher auch sicher sein konnte, wie die Botschaft beim anderen ankommen würde.

An diesem Beispiel wird auch deutlich, wie wichtig soziale Unterstützung in Phasen des Durchhaltens und Dranbleibens sein kann. Damit sie jedoch richtig ankommt und nicht zu einem Missverständnis führt – das gut Gemeinte ist häufig genau das Gegenteil des Guten –, ist es wichtig, mit den Personen im eigenen Umfeld zu besprechen, wie sie einen unterstützen können und welche Form der sozialen Unterstützung erwünscht ist.

Eine weitere Methode, die neben systematisch geführten Selbstgesprächen und sozialer Unterstützung in der Vorbereitung beim Dranbleiben und Durchhalten helfen kann, ist Self-Nudging.

Unter einem »Nudge« (engl. für Stups oder Schubser) versteht man eine sanfte Methode, um auf das Verhalten von Menschen positiv einzuwirken, etwa im Sinne von Gesundheit oder ökologisch sinnvollem Verhalten.[103] Dies soll ohne Verbote und Gesetze geschehen, vielmehr durch Anreize, die zu dem gewünschten Verhalten führen. Das bekannteste Beispiel für einen solchen Nudge ist die Fliege im Urinal.

Anscheinend geht bis zu 80 Prozent weniger daneben, wenn – mehr oder weniger – automatisch beim Urinieren auf die Fliege gezielt wird.

Ein anderes Beispiel findet sich in manchen Betriebskantinen: Stehen an der Kasse Äpfel, Birnen und Bananen (statt Muffins und Schokoriegel) in Sichthöhe und Greifnähe des wartenden Mitarbeiters, steigt die Qualität der Mitarbeiterernährung sprunghaft an, weil gesundes Obst fast zwangsläufig wahrgenommen wird.

Grundannahme für das Prinzip des Nudgings ist, dass unser Verhalten in vielen Fällen eben nicht durch Rationalität, Vernunft und Logik gesteuert wird, sondern durch Emotionalität, spontane schnelle Entscheidungen und Gewohnheiten. Genau dies haben wir bereits im zweiten Kapitel, in der Zwei-Systeme-Theorie von Kahneman, kennengelernt. Beim Self-Nudging geht es darum, bei sich selbst mit entsprechenden Anreizen für den nötigen Schubser zu sorgen, um vom Wollen ins Machen zu kommen. Dies können kleine Erinnerungshilfen sein, die einen ermahnen und daran erinnern, das gewünschte Verhalten aufrechtzuerhalten. Viele Sportler hängen dazu bestimmte Zielbilder (zum Beispiel bei der Vorbereitung auf Olympische Spiele das Olympiastadion oder bei der Vorbereitung auf einen Boxkampf das Porträt des größten Widersachers) an relevanten Plätzen in der Wohnung oder in der Trainingshalle auf, um so immer wieder einen positiven Schubser zu bekommen, das intensive Training durchzuhalten.

Hilfreich sind auch kleine Belohnungen, die als Anreiz genutzt werden können. Wichtig hierbei ist, dass diese Anreize nicht im Gegensatz zum gesetzten Ziel stehen. Will man strikt einen Ernährungsplan einhalten, sind Süßigkeiten als Belohnung oder Anreiz weniger gut geeignet.

Eine moderne Form des Self-Nudging sind Apps oder Wearables, die in vielen Bereichen Selbstvermessung und Selbstmonitoring ermöglichen. Diese Technologien erlauben den ständigen Datenabgleich und zeigen einen Ist-Soll-Vergleich, der einem sofort und permanent aufzeigt, ob man entsprechend nachhaltig an seinem gesteckten Ziel arbeitet.

In der Vorbereitung geht es ums Dranbleiben und Durchhalten. Hier steuert das langsame Denken und unterbindet proaktiv wie auch reaktiv destruktive Gedanken des schnellen Denkens.

Dritter Teil
Es geht los – unmittelbar vor dem Wettkampf

Die Spannung steigt, gleich geht der Wettkampf los. Der Sportler befindet sich im Call-Room oder noch in der Kabine. Genau diese Phase ist entscheidend für den bevorstehenden Wettkampf. Jetzt geht es darum, sich mit den richtigen Gedanken (willentlich und bewusst) auf den bevorstehenden Wettkampf einzustellen und zu verhindern, dass unzweckmäßige Gedanken das erforderliche Handeln stören.

Das kennt man natürlich auch aus außersportlichen Situationen, in denen es drauf ankommt. Der Musiker, der hinter der Bühne auf seinen Auftritt wartet, der Redner, der in wenigen Minuten die Bühne oder das Podium betritt, der Prüfling, der vor der mündlichen Prüfung vor dem Prüfungszimmer sitzt, oder auch der Referent, der vor einer wichtigen Präsentation noch vor dem Besprechungsraum ausharrt. Immer wieder kommen einem gerade dann plötzlich Gedanken wie »Was, wenn ich hier scheitere?«, »Die anderen sind sicher sehr viel besser als ich!«, »Ich kann das nicht!« oder »Jetzt muss ich besonders gut sein!« und »Ich muss jetzt etwas Außergewöhnliches leisten!«.

Was kann man dagegen tun und wie sollte man diese Phase, unmittelbar bevor es losgeht, angehen? Wie gelingt es, mental optimal vorbereitet in den Wettkampf zu gehen?

Genau an diesem Punkt, unmittelbar vor dem Wettkampf, empfiehlt es sich, eine Transformation einzuleiten. Eine grundlegende Systemveränderung, um sich in eine besondere Verfassung zu bringen. Doch dass in der unmittelbaren

Wettkampfvorbereitung eine mentale Veränderung vorgenommen werden sollte, ist vielen Sportlern zunächst nicht einsichtig. Wieso muss man sich verändern?

Nicht selten sind in sportlichen Wettkampfsituationen bestimmte Eigenschaften der Teilnehmer gefragt, die den entscheidenden Unterschied ausmachen können. Und nicht selten stimmen diese jetzt erforderlichen Eigenschaften so gar nicht mit den Persönlichkeitsmerkmalen des Sportlers überein. Darum muss je nach individuellen Gegebenheiten mehr oder weniger intensiv an dieser Transformation gearbeitet werden.

So haben manche Handballer beispielsweise überhaupt kein aggressives Naturell, müssen sich aber vor dem entscheidenden Spiel in eine aggressive Verfassung bringen, um eine Chance auf den Sieg zu haben. Es gibt Eiskunstläuferinnen, die prinzipiell nicht gerne im Mittelpunkt stehen, aber im entscheidenden Moment des Wettkampfes Tausende von Zuschauern und die Wertungsrichter begeistern sollen. Auch Kampfsportler können nicht »einfach so« in den Ring steigen, sondern müssen eine gewisse Systemänderung oder Transformation durchlaufen.

In einer TV-Dokumentation über den Boxer Mike Tyson[104] beschreibt dieser, wie sich eine solche Transformation in der unmittelbaren Wettkampfvorbereitung bei ihm gestaltet. Lange vor dem Kampf habe er Angst, zu verlieren, von seinem Gegner geschlagen zu werden. Und das treibe ihn an, hart und noch härter zu trainieren. Je näher jedoch der Moment des Wettkampfs komme, umso mehr wachse sein Selbstbewusstsein. Je näher er direkt vor dem Wettkampf dem Ring komme, desto stärker sei das Vertrauen in seine Möglichkeiten. Seinen Gemütszustand in dem Moment, in dem er in den Ring steigt, beschreibt er dann folgendermaßen: »Im Ring bin ich ein Gott, keiner kann mich schlagen!«

Diese Transformation ist auch in vielen Anforderungssituationen im Alltag hilfreich, um in Situationen zu bestehen, die einem eigentlich gar nicht so sehr liegen. Nicht jeder, der vor der gesamten Belegschaft einen Redebeitrag leisten soll, ist gerne auf der Bühne und nicht jeder, der eigentlich gut gelernt und den Prüfungsstoff verstanden hat, ist auch in der Lage, in der Prüfungssituation souverän zu wirken und die Fragen gut zu beantworten.

Genauso, wie man in der Wettkampfvorbereitung mit dem Einlaufen oder Warmmachen versucht, einerseits den Körper optimal auf den bevorstehenden Wettkampf und andererseits die physiologischen Strukturen auf die anstehenden Belastungen vorzubereiten, bereitet die mentale Transformation das psychische System entsprechend vor.

Die Transformation schafft mithilfe von diszipliniertem, bewusstem Denken die Voraussetzung, um optimale Leistung abrufen zu können. Jetzt geht es darum, die Überzeugung der eigenen Kompetenz aufzubauen, um so die Automatismen des schnellen Denkens zuzulassen. In den folgenden Kapiteln werden Strategien beschrieben, die jetzt, unmittelbar vor dem Wettkampf, erfolgreich eingesetzt werden können und die eine erfolgreiche Transformation unterstützen.

Kapitel 7
Aktivierung auf das optimale
Niveau regulieren

Der Sportler ist gut vorbereitet, der Akku ist voll, er hat viele relevante Szenarien im mentalen Training durchgespielt und Lösungen für mögliche Eventualitäten im Kopf. Jetzt steht der Moment unmittelbar bevor. Es sind die letzten Minuten, bevor der Wettkampf beginnt. Und das ist der Moment, in dem der Sportler aktiv werden muss.

Als Erstes geht es darum, die Aktivierung auf das jetzt passende Niveau zu regulieren. Je nach anstehender Tätigkeit kann das entweder eine Mobilisierung (es ist mehr Aktivierung nötig) oder eine Entspannung (es ist weniger Aktivierung nötig) sein. Es ist wichtig zu wissen, welches Aktivierungsniveau zu der anstehenden Anforderung passt. Denn nach dem Yerkes-Dodson-Gesetz (vgl. Abb. 2)[105] passt zu jeder Anforderung exakt ein optimaler Aktivierungszustand. Ist das Aktivierungsniveau zu hoch oder zu niedrig, leidet die sportliche Leistung. Ein Schütze benötigt vor dem Wettkampf ein anderes Aktivierungsniveau als ein Judoka. Aber selbst diese Zuordnung zu Sportartentypen ist zu pauschal: Es gibt Judoka, die sich vor dem Wettkampf pushen müssen, und diejenigen, die vor dem Wettkampf eher Ruhe und Entspannung bevorzugen. Man spricht auch von »individuellen Zonen des optimalen Aktivierungszustands«.[106]

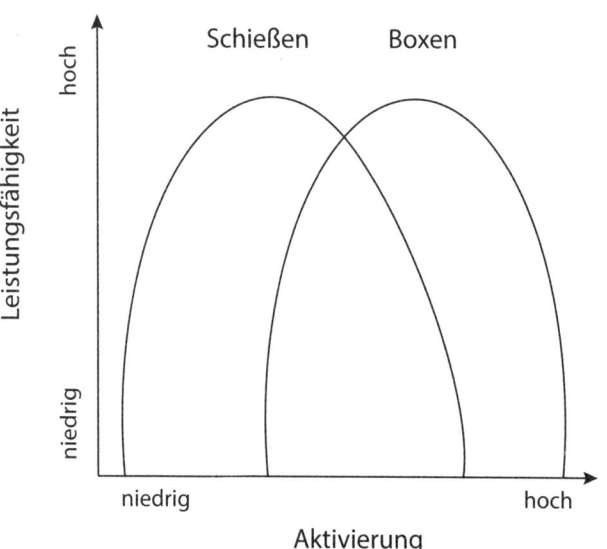

Abb. 2: Erregungsniveau in Abhängigkeit von der Anforderung

Prinzipiell geht es also darum, selbst kennenzulernen:

- Welche Anforderungssituation steht an?
- Welche Aktivierung ist für mich in dieser Situation hilfreich?
- Wie kann ich die erforderliche Aktivierung einstellen?

Gerade das »Wie« ist häufig nicht so einfach zu bewerkstelligen, denn unmittelbar vor dem entscheidenden Moment, wenn's drauf ankommt, kann man häufig nicht (oder nur schlecht) mit etablierten Entspannungsverfahren wie der progressiven Muskelentspannung oder dem autogenen Training arbeiten. Häufig fehlen Ruhe, Zeit und entsprechende Räumlichkeiten.

Dennoch gibt es drei Ansatzpunkte, die einem dabei helfen, sich in jedem Moment und fast überall zu entspannen oder zu aktivieren: Verhalten, Wahrnehmung und Umwelt.[107] Dabei ist nicht jeder Ansatzpunkt in jeder Situation praktikabel. Manchmal lassen sich auch Ansatzpunkte miteinander kombinieren.

Verhalten

Unmittelbar vor dem Wettkampf sind die Abläufe häufig mehr oder weniger vorgegeben und standardisiert. So hat sich der Schwimmer im Call-Room aufzuhalten und muss sich dann – nach Aufruf – zu seinem Startblock begeben. Ein Konzertmusiker hat still auf seinem Platz zu verharren, bis der Zeitpunkt für seinen Einsatz kommt. Der Prüfling hat vielleicht etwas mehr Spielraum, was sein Verhalten unmittelbar vor der Prüfung angeht, trotzdem muss er vor dem Prüfungszimmer warten, bis er aufgerufen wird.

Für eine generelle Entspannung empfiehlt es sich, ruhig zu sitzen, zu liegen oder langsam zu gehen und die Atmung zu vertiefen – und damit zu verlangsamen. Für eine Aktivierung sind entsprechend schnelle, schwunghafte Bewegungen gut. Im Sport, insbesondere im Kraft-, Kontakt- oder Spielsport, ist zur Aktivierung manchmal auch autoaggressives Verhalten zu beobachten. Sportler schlagen sich vor dem Wettkampf selbst (oder auch durch andere) ins Gesicht oder lassen sich anderweitig Schmerzen zufügen, um einen möglichst hohen Aktivierungsgrad zu erreichen.

Grundsätzlich soll das Verhalten dem erwünschten Aktivierungsgrad angepasst werden. Ist Ruhe und Gelassenheit gefordert, sollte das Verhalten in der unmittelbaren Vorbereitung entsprechend gestaltet sein. Benötigt man Power und Energie, sollte man sich in den letzten Momenten, bevor es losgeht, auch dementsprechend verhalten.

Neben dem Verhalten und dessen Einfluss auf die Aktivierung muss bei einer optimalen Wettkampfvorbereitung auch die Wirkung der Körperhaltung auf die physiologischen Komponenten berücksichtigt werden. In einer bemerkenswerten Studie konnte gezeigt werden, dass die Körperhaltung die Balance der Hormone Testosteron und Cortisol beeinflusst. Bekannt geworden ist das Phänomen unter dem Begriff »Power-Posing«.[108] Power-Posing geht auf die Körperhaltung von Menschen und Tieren in Situationen zurück, in denen diese Macht, Aggression und Dominanz zeigen. Ganz allgemein geht es um eine Vergrößerung der Körperfläche, wie man sie bei Siegerposen oder bei Drohgebärden in Auseinandersetzungen beobachten kann.

Im Rahmen der genannten Studie aus dem Jahr 2010 wurden 42 männliche und weibliche Versuchspersonen in zwei Gruppen unterteilt, eine mit einer High-Power-Pose und eine mit einer Low-Power-Pose. Die Teilnehmer in der High-Power-Gruppe nahmen für jeweils eine Minute zwei dominante, selbstsichere Posen ein, die der anderen Gruppe für jeweils eine Minute zwei defensive Haltungen. Bei einem darauffolgenden Test zur Risikobereitschaft erwiesen sich die Teilnehmer der High-Power-Gruppe als deutlich mutiger und optimistischer als die Low-Power-Kandidaten. Die High-Power-Teilnehmer hatten zudem einen um 19 Prozent erhöhten Testosteronspiegel sowie einen um 25 Prozent verringerten Cortisolwert. Bei der Low-Power-Gruppe war Testosteron um 10 Prozent abgefallen und das Cortisol um 17 Prozent angestiegen.

Power-Posing ist demnach ein geeignetes Verfahren, um in der unmittelbaren Vorbereitung auf den Moment, wenn's drauf ankommt, ein zuversichtliches Körpergefühl zu entwickeln, welches sich wiederum positiv auf das hormonelle System auswirkt. Dabei ist es individuell sehr unterschiedlich, welche Körperhaltungen mit Kraft und Energie in Verbindung gebracht werden. Oft reicht schon eine positive, aufrechte Haltung, um sich besser einzuschätzen.[109] Power-Posing ist fast überall möglich: sitzend im Call-Room, in Gegenwart der Wettkampfgegner oder alleine, wartend vor dem Prüfungszimmer.

Ein weiterer, sehr effektiver Ansatzpunkt zur Regulation der eigenen Aktivierung ist die Kontrolle der Wahrnehmung – unmittelbar bevor es losgeht.

Wahrnehmung

Bereits im zweiten Kapitel wurde darauf hingewiesen, dass Wahrnehmung ein konstruktiver Prozess ist. Wir verarbeiten intern, was wir sehen und hören, also unsere Sinneswahrnehmungen; wir interpretieren es, und unser schnelles Denken versucht, dem Ganzen letztlich einen Sinn zu geben – was eigentlich ganz zuverlässig funktioniert. Dieser interne Verarbeitungsprozess basiert auf einer langen Lerngeschichte. So führt auch die Wahrnehmung und Interpretation bestimmter Dinge aufgrund von Vorerfahrungen individuell eher zu einer Aktivierung oder zu einer Entspannung. Teilweise werden von Sportlern ganz unterschiedliche Dinge als eher aktivierend oder beruhigend interpretiert. Dennoch gibt es bestimmte Dinge, die für fast jeden von uns als beruhigend und entspannend eingeschätzt werden. So wird zum Beispiel der Wellengang am Meeresstrand oder das Gezwitscher von Vögeln im Morgengrauen von vielen Menschen als angenehm und beruhigend empfunden.

Dies hat interessanterweise nichts mit der wahrgenommenen Lautstärke zu tun. So kann ein tropfender Wasserhahn (eigentlich ganz leise) beim Einschlafen enorm stören. Bei einem Rockkonzert hingegen können Schallpegel von 110 Dezibel entstehen, ohne dass sich die Leute nach dem Konzert über den Lärm beschweren, sondern sie berichten strahlend vom überwältigenden Erlebnis.

Auch bei Sportlern gibt es Dinge, die fast immer einen pushenden, aktivierenden Einfluss haben, wie zum Beispiel Zuschauer und Fans, Medienvertreter und Kameras, aber häufig auch Gegner und Konkurrenten.

Will ein Sportler hingegen unmittelbar vor dem Wettkampf die Aktivierung senken, so empfiehlt es sich, die Wahrnehmung auf beruhigende Dinge zu richten. Unmittelbar vor dem Start, beim Aufwärmen im Startraum, positionieren sich Skifahrer beispielsweise so, dass sich die Konkurrenten und das Startgeschehen im Rücken befinden und dass sie selbst die Natur, die Berge und die Wolken wahrnehmen.

In vielen Situationen unmittelbar vor dem Start ist es allerdings nicht möglich, den Blick in die beruhigende Natur zu richten. Lässt sich dann in der unmittelbaren Umgebung kein beruhigendes optisches Ziel ausmachen, helfen Ruhebilder – Bilder oder Fotografien von Dingen, Orten oder Personen, mit denen positive Emotionen und Ruhe verbunden werden – oder beruhigende, emotional geprägte Gegenstände (Glücksbringer, Schmeichler oder Ähnliches), oder auch beruhigende Vorstellungen, die bewusst aktiviert werden. Manche Sportler versetzen sich dann in der Vorstellung an Orte und Begebenheiten, die auf sie beruhigend wirken

oder die sie mit positiven Erlebnissen (etwa vorangegangenen Erfolgen) verbinden.

Wie bereits im Kontext von Regeneration angesprochen,
kann Musik auch in der unmittelbaren Wettkampfvorbereitung sehr effektiv sein. Ruhige Musik kann zur Entspannung beitragen, pushende, rockige Musik zur Aktivierung.
Häufig sieht man Sportler dann Kopfhörer tragen, oder in
der Mannschaftskabine läuft Musik, um sich emotional auf
den Wettkampf einzustimmen. Beim Schwimmen haben die
Athleten häufig noch die Kopfhörer auf, kurz bevor sie den
Startblock betreten. Im Profi-Boxsport wird sogar eine Ein-
laufmusik ausgewählt, die auf dem Weg des betreffenden
Boxers zum Ring in der Arena erklingt.

Manche Sportler, die man vor dem Wettkampf mit Kopf-
hörern auf den Ohren sieht, hören allerdings gar keine
Musik, sondern tragen ihre Kopfhörer nur, damit sie im
Startbereich nicht permanent von Medienvertretern, Funk-
tionären oder auch Konkurrenten angesprochen werden.
Auch dies ist eine Möglichkeit, kurz vor dem Wettkampf die
Wahrnehmungskanäle zu kontrollieren, um sicherzustellen,
dass das optimale Aktivierungsniveau erreicht wird.

Umwelt

In engem Zusammenhang mit der Wahrnehmung steht natürlich die Umwelt, die den Sportler unmittelbar vor dem Wettkampf umgibt. Wie bereits angesprochen, ist die Wettkampfsituation an sich für viele Sportler eine reizreiche Umwelt, die
sich pushend auf die Aktivierung auswirkt. Wenn die Regularien es erlauben, ziehen sich in vielen Sportarten die Athleten – unmittelbar bevor es losgeht – noch einmal in ruhige,
reizarme, vom Wettkampfgeschehen abgeschottete Räume
zurück (zum Beispiel in die Kabine, ins Auto, in Hinterräu-

me), oder sie nutzen den Gang zur Toilette, um zur Ruhe zu kommen. Es handelt sich letztlich um einen weiteren Versuch, die Aktivierung noch einmal optimal einzustellen.

Auch vor speziellen Anforderungssituationen im Alltag sollte man prüfen, ob sich in der betreffenden Situation die Aktivierung über das Verhalten, die Wahrnehmung oder die Umwelt regulieren lässt. Dabei kommt es sehr auf den jeweiligen Kontext an. Der Musiker kann sich vor dem Auftritt in die Garderobe zurückziehen, sein Verhalten anpassen und seine Aktivierung mit Musik und Ruhebildern senken. Wer als Redner unmittelbar vor seinem Beitrag bereits in der ersten Reihe des Auditoriums sitzt, kann den Raum natürlich nicht mehr verlassen oder entspannende Musik hören. Aber er kann die Wahrnehmung nach innen richten, seine Wahrnehmung auf die ruhige Atmung lenken und an angenehme und beruhigende Situationen denken.

Der Einsatzleiter der Feuerwehr kann – wenige Minuten bevor er am Einsatzort eintrifft – die reizreiche Umwelt des Einsatzwagens nicht mehr verlassen, doch er kann auch hier durch ruhige Atmung und angepasste Vorstellungen eine Beruhigung seines Aktivierungsniveaus erreichen.

Die aktive Regulation des Aktivierungsniveaus ist eine Fertigkeit, die bewusst durch langsames Denken initiiert werden muss.

Unmittelbar vor dem Wettkampf geht es darum, die Aktivierung optimal einzustellen. Durch entsprechendes Verhalten, kontrollierte Wahrnehmung oder das Aufsuchen angemessener Umwelten ist es möglich, auch noch positiv auf die Aktivierung einzuwirken, kurz bevor es losgeht.

Kapitel 8
Die optimale Performance im Kopf

Unmittelbar vor dem Wettkampf nutzen viele Sportler das mentale Training, um sich auf die bevorstehende Situation einzustimmen: Sie stellen sich das eigene optimale Verhalten in der bevorstehenden Wettkampfsituation vor. Das ist vielen Zuschauern aus der Fernsehberichterstattung von Großereignissen bekannt. Man sieht dann, wie Skifahrer den gesteckten Lauf in der Vorstellung durchgehen oder Rodler sich die Fahrt durch die Bahn vorab vorstellen. Auch Fußballer und Eishockeyspieler stimmen sich durch mentales Training auf den bevorstehenden Wettkampf ein.

Denn mentales Training hat sich in vielen Sportarten als wesentliches Element der Wettkampfvorbereitung etabliert und gehört wie selbstverständlich zum Ritual, das vor einem Wettkampf akribisch eingehalten und durchgeführt wird.

In Kapitel 5 war bereits die Rede davon, wie Sportler in der längerfristigen Vorbereitung mentales Training nutzen, um den Lern- und Automatisierungsprozess wirksamer zu gestalten und zu beschleunigen. Jetzt, in der unmittelbaren Wettkampfvorbereitung, wird das mentale Training allerdings nicht mehr zur Lernoptimierung genutzt, sondern ganz gezielt zur Leistungsoptimierung. Es geht darum, den positiven Effekt des mentalen Trainings auf die wettkampfbezogene Überzeugung von der eigenen Kompetenz zu nutzen.

Dass die Kompetenzüberzeugung von Situation zu Situation unterschiedlich stark ausgeprägt sein kann und dass die situationsspezifische Überzeugung der eigenen Kompetenz unter Umständen bei jedem Wettkampf neu aufgebaut werden muss, haben wir bereits im dritten Kapitel festgestellt.

Man kann sich nicht darauf verlassen, dass eine solche Überzeugung sich automatisch einstellen wird; in den meisten Fällen muss sie willentlich, das heißt mit bewusstem, langsamem Denken, aufgebaut werden.

Neben persönlich erlebten Erfolgen ist auch die stellvertretende Erfahrung eine effektive Möglichkeit zum Aufbau von Kompetenzüberzeugung. Stellvertretende Erfahrung bedeutet, dass man andere Menschen bei der Bewältigung der Anforderungssituation beobachtet. Ist die beobachtete Person dabei erfolgreich, kann dies zu der Erwartung führen, dass man selbst in dieser Anforderungssituation ebenfalls erfolgreich handeln könnte. Es werden also aus sozialen Vergleichsprozessen Schlussfolgerungen auf die eigene Kompetenz gezogen.

Dies hat allerdings nur dann den gewünschten Effekt, wenn es eine gewisse Entsprechung zwischen Vorbild und Beobachter gibt. Wenn man selbst groß und schwer ist, führt das Beobachten einer kleinen und leichten Person bei der Riesenfelge am Reck nicht zu einer positiven Überzeugung der eigenen Kompetenz beim Riesenfelgenturnen. Vielmehr begünstigen ähnliche körperliche Gegebenheiten (wie Größe und Statur) von Beobachter und Modell ein ähnliches Können und ähnliche Vorerfahrungen den Effekt der stellvertretenden Erfahrung.

Die stellvertretende Erfahrung kann aber auch in der eigenen Vorstellung ablaufen, nämlich beim mentalen Training. Dann stellt man sich intensiv vor, wie man selbst die bevorstehende Anforderung erfolgreich bewältigt.

Die leistungssteigernde Wirkung des mentalen Trainings erklärt sich mit dessen Einfluss auf die Kompetenzüberzeugung.

Schon vielfach konnten Studien zeigen, dass mentales Training zu einer gesteigerten Kompetenzüberzeugung führt.[110] Es handelte sich dabei um Interventionsstudien, bei denen die wettkampfbezogene Kompetenzüberzeugung gemessen wurde. Sportler, die unmittelbar vor dem Wettkampf mental trainierten, gingen den Wettkampf mit einer höheren Kompetenzüberzeugung an als eine Kontrollgruppe.[111] Zudem gaben bei Befragungen zur Wettkampfvorbereitung erfolgreiche Sportler im Gegensatz zu weniger erfolgreichen an, in der unmittelbaren Wettkampfvorbereitung gezielt mentales Training einzusetzen.[112]

Warum wirkt sich mentales Training denn so positiv auf die Wettkampfleistung aus? Weil bei der mentalen Vorstellung erfolgreichen Handelns, was die Kompetenzüberzeugung betrifft, ganz ähnliche biochemische Prozesse ablaufen wie beim tatsächlichen erfolgreichen Handeln. Wir hatten bereits festgestellt, dass bei erfolgreichem Handeln die Dopaminausschüttung für die Aktualisierung der positiven internen Prognose verantwortlich ist.[113] Und eine optimistischere interne Prognose resultiert in einer gesteigerten Überzeugung der eigenen Kompetenz. Einige Studien konnten zeigen, dass auch beim Vorstellen des eigenen erfolgreichen Handelns in einer sportlichen Aufgabe das Belohnungssystem aktiviert wird.[114]

An dieser Stelle wird aber auch deutlich, dass sich mentales Training in der unmittelbaren Wettkampfvorbereitung vom Einsatz des mentalen Trainings zur Lernoptimierung in der Vorbereitungsphase unterscheidet. Denn jetzt, unmittelbar bevor es losgeht, wird sehr viel spezifischer mental trainiert. Konkret geht es jetzt darum, die Parameter der aktuellen Situation in die mentale Vorstellung zu integrieren.

Dies betrifft insbesondere folgende Punkte:

- Wo findet der Wettkampf statt? Wie sind die örtlichen Gegebenheiten? Gibt es Besonderheiten, die man zu beachten hat?
- Wann findet der Wettkampf statt? Ist es vielleicht ein völlig ungewohnter Zeitpunkt? Was muss man dann berücksichtigen?
- Wie gestaltet sich die aktuelle Umwelt? Wie sind die jetzigen Licht- und Wetterbedingungen? Gibt es Zuschauer oder sonstige Öffentlichkeit? Vielleicht sind auch Störgrößen wie Lärm, schlechte Luft, Hitze oder Kälte zu berücksichtigen und der eigene Umgang damit vorwegzunehmen.
- Mit wem oder gegen wen ist anzutreten? Sind bestimmte Eigenarten von Mitspielern oder Gegnern bekannt, auf die man vorbereitet sein sollte?
- Was ist erforderlich? Wie wird gehandelt? Hier geht es darum, das eigene Handlungsrepertoire an den situativen Gegebenheiten auszurichten – sozusagen um das taktische Vorgehen, wobei primär die eigenen Ressourcen und Stärken im Vordergrund stehen.

Zudem ist wichtig, dass man sich beim mentalen Training in der unmittelbaren Wettkampfvorbereitung sehr viel mehr positive emotionale Inhalte vorstellt. Es geht jetzt, wenn's drauf ankommt, nicht nur um das lebhafte Nachvollziehen der Bewegungsabläufe, sondern man muss sich obendrein noch das erfolgreiche Handeln und die entsprechende emotionale Färbung vorstellen. Ganz wichtig also: Wie fühlt sich erfolgreiches Handeln an? Man spricht hier auch von einer motivationalen Wirkung des mentalen Trainings.[115]

Zu unterscheiden ist dabei zwischen einer

- generellen Wirkungsweise, zum Beispiel Vorstellungen, die sich auf die erfolgreiche Bewältigung von schwierigen Wettkampfsituationen beziehen, und einer
- ganz spezifischen Wirkungsweise, etwa der Vorstellung, den bevorstehenden Wettkampf zu gewinnen.

Allgemein gilt: Je näher der Moment rückt, in dem es drauf ankommt, desto spezifischer sollte das mentale Training an die bevorstehende Situation angepasst sein. Auch wissenschaftliche Studien bestätigen: Das Vorstellen von allgemeiner Erfolgszuversicht allein hat keinen wirksamen Einfluss auf die situationsspezifische Kompetenzüberzeugung. Die Vorstellungsinhalte müssen einen hohen Bezug zum Kontext der aktuell bestehenden Aufgabe aufweisen.[116] Der Sportler bringt sich durch eine passende Vorstellung in die notwendige psychophysiologische Verfassung, die gleich im Wettkampf erforderlich ist.

Auch im Alltag kann mentales Training unmittelbar vor der Anforderungssituation sinnvoll eingesetzt werden, um eine situationsspezifische Kompetenzüberzeugung aufzubauen. In den Momenten, bevor es losgeht, findet sich nahezu überall noch die Möglichkeit, sich das eigene erfolgreiche Handeln nochmals vor Augen zu führen. Es empfiehlt sich, wenn möglich, den Ort und die situativen Gegebenheiten der kommenden Leistungsanforderung vorab zu besichtigen, um die eigene Vorstellung mit aktuellen Parametern anzureichern.

Das mentale Training hilft, dass man sich souverän und gut vorbereitet fühlt und so mit einer positiv-optimistischen Haltung in die entscheidende Situation hineingeht. Diese Wirkungsweise des mentalen Trainings wird auch als Leistungspriming bezeichnet.[117] Der Begriff »Priming« (dt. Bahnung) bezeichnet die Beeinflussung der bewussten Verarbeitung und Interpretation eines Reizes durch einen vorangegangenen Reiz, der unterbewusste Assoziationen im schnellen Denken aktiviert hat.[118] Die so aktivierten Assoziationen beruhen auf Vorerfahrungen mit der eintreffenden Information und geschehen größtenteils unterbewusst. Ein bahnender Reiz löst also aufgrund von Lernerfahrungen gewisse Assoziationen aus, und diese beeinflussen im Anschluss die Interpretation späterer Reize.

Die Wirkungsweise der Bahnung erklärt sich am besten am Beispiel des bekannten Bargh-Experiments,[119] bei dem Bahnungseffekte von sprachlichen Aufgaben auf das Verhalten untersucht wurden. In einer ersten Aufgabe sollten die Versuchspersonen aus vorgegebenen Wörtern Sätze bilden. Anschließend wurden sie für eine angebliche zweite Aufgabe in einen anderen Raum am Ende des Korridors gebeten. Tatsächlich war jedoch die Zeit von Interesse, die die Versuchspersonen für den Gang über den Korridor benötigten. Für die erste Aufgabe erhielt die eine Hälfte der Versuchspersonen, die Experimentalgruppe, Wortlisten mit Begriffen wie »Glatze«, »grau« oder »Falte«. Also alles Begriffe, die mit alten Menschen assoziiert sind. Tatsächlich führte die Aktivierung dieser Assoziation dazu, dass die Experimentalgruppe deutlich langsamer den Gang entlangging als die Kontrollgruppe. Das heißt, allein schon die Beschäftigung mit bestimmten Wörtern beeinflusste das Verhalten der Probanden, ohne dass diese davon etwas bemerkten.

Bahnung kann sich demnach positiv oder negativ auf das gewünschte Verhalten auswirken und zudem passende oder unangemessene emotionale Zustände hervorrufen. Insofern ist es wichtig, das mentale Training wie oben beschrieben so einzusetzen, dass die Vorstellungsinhalte die aktuell erforderliche Handlung unterstützen und eine erwünschte Emotionalität erzeugen.

Mithilfe von mentalem Training gilt es,
das jetzt geforderte Verhalten an die aktuell
vorliegenden Gegebenheiten anzupassen.
Zudem werden neben den aktualisierten Bewegungs-
und Handlungsabläufen auch die emotionalen Inhalte
des erfolgreichen Handelns nachvollzogen.

Kapitel 9
Gedankenkontrolle

Der Sportler hat nun ein passendes Aktivierungsniveau hergestellt. Er hat die aktuellen Gegebenheiten der Wettkampfsituation in seine Vorstellung integriert und den gleich erforderlichen Handlungsablauf mental trainiert. Zudem hat er sich durch Vorstellungen vom eigenen erfolgreichen Handeln in eine psychophysisch passende Verfassung gebracht. Jetzt gilt es letztlich noch, in dieser Phase auch die Gedanken aktiv zu kontrollieren und es nicht dem schnellen Denken zu überlassen, womit man sich beschäftigt, kurz bevor es drauf ankommt.

Denn unser unterbewusstes, schnelles Denken liefert in solchen Situationen nicht immer brauchbare und zweckmäßige Gedanken. Teilweise entstehen Gedanken oder Selbstgespräche, die irrational und überhaupt nicht zutreffend sind: Man ist gut vorbereitet, hat die Situation mehrfach im Kopf durchgespielt, und dennoch schießen einem Gedanken wie »Ich glaube, ich werde scheitern!« oder »Jetzt muss ich mich besonders anstrengen!« durch den Kopf.

Das schnelle Denken kennt keine Logik und registriert nur die Gefahr. Dies ist ein ganz natürlicher und normaler Vorgang, denn im Rahmen der Evolution hat das Gehirn gelernt, ständig nach potenziellen Gefahren oder Verlusten Ausschau zu halten.[120] Tiere, die reizbar, nervös und misstrauisch waren, hatten eine größere Chance, zu überleben und ihre Gene weiterzugeben, als träge Artgenossen. Regel der Wildnis: Lieber selbst fressen als gefressen werden. Das Gehirn hat für diesen Zweck eine negative Verzerrung entwickelt: Negative Signale nimmt der Mensch schneller und leichter wahr als positive. Daraus entwickelte sich ein besonderer Schutzmechanismus: Angst. Die Angst vor Gefahr schützt in jedem Fall, auch wenn real gar keine Gefahr vorhanden ist. So neigt unser Gehirn im Allgemeinen dazu, Bedrohungen und Gefahren zu hoch und Chancen und Möglichkeiten zu gering einzuschätzen. Darum gilt der bevorstehende Wettkampf primär erst einmal als Bedrohung: Jetzt ist es wichtig, jetzt kommt es drauf an! Es erscheint wichtig, den Vorstandsvorsitzenden (das langsame Denken) mit einzubeziehen.

Selbst wenn das bewusste Denken hier noch nicht den Bewegungsablauf stören kann (der Wettkampf hat ja noch nicht begonnen), ist bereits jetzt die bewusste gedankliche Beschäftigung mit Ängsten und möglichen negativen Szenarien schädlich und zudem äußerst ineffizient. Dies zeigte sich unter anderem in Untersuchungen an Schülern bei der Bearbeitung von Mathematikaufgaben.[121] Wenn stressreiche Situationen einen unzweckmäßigen inneren Monolog hervorrufen, beansprucht dieser Gehirnkapazität, die eigentlich zum Lösen der Aufgabe erforderlich wäre, wodurch die Leistung leidet. Es droht mentale Ermüdung – ein bedeutsames Phänomen in fortgeschrittenen und andauernden Anforderungssituationen.

Im Sport spielt mentale Ermüdung gegen Ende eines länger andauernden Wettkampfs eine wichtige Rolle: Die vorhandene Energie für Körper und Gehirn wird knapp, die kritische Menge an ATP im Gehirn unterschritten.[122] Spieler neigen in solchen Phasen zu Fehlern, was in vielen Wettkämpfen entscheidend für Sieg oder Niederlage sein kann.

In der unmittelbaren Wettkampfvorbereitung trägt die Vermeidung negativer innerer Monologe dazu bei, dass keine Energie vergeudet wird; außerdem beugt sie mentaler Ermüdung vor. Führt der negative innere Monolog nämlich zu einer massiven Stressreaktion, droht sogar ein Energiekollaps. Man nennt diesen Zustand »Unterzuckerung« (Neuroglukopenie). Die Symptome einer solchen Unterzuckerung sind – nicht nur bei Diabetikern – Sprachschwierigkeiten, Denkblockaden, Konzentrationsschwäche bis hin zu Schwindel und Blackout. In simulierten Prüfungssituationen im Rahmen wissenschaftlicher Experimente, die für den Prüfling äußerst unangenehm gestaltet wurden und folglich psychosozialen Stress auslösten – so gaben die Prüfer zum Beispiel permanent mimisch und gestisch negatives Feedback –, konnten die gleichen Symptome wie bei einer Unterzuckerung festgestellt werden.[123]

Für den bevorstehenden Wettkampf wäre es natürlich fatal, würde eine durch irrationale Gedanken des schnellen Denkens ausgelöste Unterzuckerung die Leistungsfähigkeit einschränken. Wie unmittelbar vor dem Wettkampf mit Stress umgegangen wird, kann also die energetische Situation im Gehirn massiv beeinflussen. Zudem wirkt sich, wie schon gesagt, ein negativer innerer Monolog, verbunden mit entsprechenden negativen Assoziationen des schnellen Denkens, ungünstig auf die interne Prognose aus. Somit leidet auch die Überzeugung in die eigene Kompetenz.

Interessanterweise können solche unzweckmäßigen inneren Monologe auch durch Konfrontation mit einem entsprechenden Negativstereotyp ausgelöst werden. Soll zum Beispiel eine Frau nach der Konfrontation mit dem Stereotyp »In der Regel sind Frauen in Mathe ja schlechter als Männer« anschließend eine anspruchsvolle Mathematikaufgabe lösen, so wird eher ein entsprechend negativer, leistungshemmender Monolog bei ihr ausgelöst. Die Leistung fällt entsprechend schlechter aus.[124]

Unmittelbar vor Anforderungssituationen sollte man es deshalb nicht dem unterbewussten Denken überlassen, welche Gedanken im Kopf entstehen, sondern entsprechend aktiv und bewusst konstruktive Gedanken entwickeln. Das erfordert zunächst, überhaupt sensibel für die eigene Gedankenwelt zu sein, diese also zu erkennen und zu bewerten. Schließlich muss das bewusste Denken ja einen alternativen Gedanken entwickeln und diesen an die Stelle des schädlichen Gedankens setzen (reaktives Selbstgespräch).

Man muss sich zunächst in wichtigen Situationen kennenlernen. Wie reagiere ich, wenn's drauf ankommt? Welche Gedanken gehen mir durch den Kopf? Sind diese Gedanken hilfreich? Welche Gedanken können jetzt unterstützen und helfen?

Manchmal ist es auch notwendig, unzweckmäßige und destruktive Gedanken gar nicht erst zuzulassen und sie aktiv zu unterbinden (proaktives Selbstgespräch). Der Sportler muss also seine Gedanken aktiv kontrollieren und sein Denken steuern, häufig verbunden mit einem Ritual: Bei einem Fußballer könnte dies der Moment sein, wenn er den Rasen betritt, beim Golfer, wenn er sich zum Abschlag über dem Ball positioniert. Eine derartige Gedankenkontrolle ist anstrengend, kostet Energie und muss vom bewussten Denken übernommen werden.

Auch will gut überlegt sein, wer direkt vor einer Wettkampfsituation noch zu einem sprechen darf und welcher Inhalt in dieser Situation noch hilfreich ist. Denn nicht nur das schnelle, unterbewusste Denken liefert störenden, negativen Denkstoff. Manchmal können auch Kommentare oder Bemerkungen anderer Personen die eigene Kompetenzüberzeugung gefährden und psychosozialen Stress auslösen. Dahinter muss gar keine böse Absicht im Sinne von Psychoterror stecken, doch unüberlegte und unvorsichtige Äußerungen anderer können ebenfalls massiv Gehirnkapazität beanspruchen und so die mentale Wettkampfvorbereitung stören.

Drei Beispiele für solche unbedachten Aussagen im Sport:

In der Vorbereitung auf den Ski-Abfahrtslauf in St. Moritz betrachten zwei Nationalmannschaftskolleginnen aus dem Startraum heraus das erste Steilstück der Strecke. Dabei meint die eine, im Gesicht ihrer Kollegin Unsicherheit zu sehen, und fragt: »Hast du Angst? Du siehst so blass aus!« Bei der Kollegin wird nun Denkkapazität für einen inneren Monolog beansprucht, der sich mit der Frage beschäftigt: Sehe ich aus, als hätte ich Angst?

Ähnlich ist es bei zwei Turnerinnen, die sich kurz vor dem ersten Wettkampf bei den Europameisterschaften treffen. Die eine mustert die andere und fragt: »Warst du verletzt und konntest nicht richtig trainieren? Du hast so zugenommen!« Daraufhin wird Denkkapazität für einen inneren Monolog beansprucht, der sich mit der Frage beschäftigt: Sehe ich dick aus?

Oder der Trainer sagt bei der Schwimmweltmeisterschaft vor dem entscheidenden Endlauf zu seinem Schwimmer: »Ich weiß nicht, ich glaube, du solltest nicht gleich zu Beginn volles Risiko gehen, die anderen Starter sehen alle sehr fit aus.« Daraus resultiert dann ein innerer Monolog des Schwimmers mit dem Thema »Sehen die anderen fitter aus als ich?«.

Diese Beispiele machen deutlich, dass es zu den Kernkompetenzen eines Leistungssportlers gehört, sich nicht unkontrolliert Umwelteinflüssen auszusetzen und den Inhalt seiner Gedanken von diesen Einflüssen bestimmen zu lassen, sondern die Inhalte des bewussten Denkens selbst aktiv zu steuern. Auch im Alltag ist immer wieder zu beobachten, dass unmittelbar vor einer Anforderungssituation Kommentare von anderen kommen (meistens gar nicht böse gemeint), die den inneren Monolog belasten – Kommentare wie »Aufgeregt?«, »Das wird diesmal schon klappen!« oder »Keine Angst!« kommen nicht immer so an, wie der Sender vielleicht denkt oder hofft.

Dass hilfreiche Selbstgespräche individuell höchst unterschiedlich sind, wurde bereits vermerkt. Zunächst muss man sich dessen überhaupt bewusst werden und sensibel darauf achten, welche Gedanken einem in welchen Situationen durch den Kopf schießen. Erst dann kann man feststellen, ob sie in diesem Moment hilfreich sind oder nicht. Es geht darum, proaktive Selbstgespräche zielgerichtet einzusetzen.

Unmittelbar vor dem Wettkampf ist die Auswirkung der Selbstgespräche auf

- Konzentration und
- Befindlichkeit

des Sportlers für den Prozess der Transformation ausschlaggebend.

Befindlichkeit

Der Begriff »Befindlichkeit« hat mit der Bewertung des eigenen aktuellen (psychischen) Zustands zu tun. Man könnte auch von »Gestimmtheit« oder »Stimmung« sprechen. Geht es mir gut oder geht es mir schlecht? Die Befindlichkeit wird durch die Wahrnehmung der inneren und äußeren Gegebenheiten und deren Bewertung durch einen selbst beeinflusst: Das schnelle Denken interpretiert und assoziiert. Im Alltag erleben wir dies allerdings oft umgekehrt. Beim Tennisspieler sind gegebenenfalls das schlechte Wetter, die Platzverhältnisse, die Bälle, der Gegner, der Schiedsrichter, die Zuschauer oder der Trainer jene Dinge, die »nerven« und so die eigene Befindlichkeit stören. Prinzipiell ist die Umwelt aber nicht verantwortlich für die eigene Befindlichkeit. Die Umwelt wird lediglich wahrgenommen. Erst die personeninterne Bewertung dieser Wahrnehmung – in der Regel durch das schnelle Denken – führt zu einer Befindlichkeit. In einer Anforderungssituation setzt erfolgreiches Handeln eine positive Befindlichkeit voraus.

Wie wichtig eine positive Befindlichkeit für das Vertrauen auf die intuitiven Automatismen ist, konnte in verschiedenen Untersuchungen gezeigt werden.[125] So ist zum Beispiel der Erfolg bei einem kognitiven Assoziationstest, dem Remote Association Test (RAT), von der Stimmungslage abhängig.[126] Bei diesem Test werden drei Begriffe vorgegeben (etwa »Hütte«, »Schweiz« und »Kuchen«) und die Versuchspersonen sollen einen Begriff nennen, den sie mit diesen drei Wörtern assoziieren (in diesem Fall »Käse«). Versuchspersonen, die zuvor in eine gute Stimmungslage versetzt worden waren, schnitten bei dieser intuitiven Aufgabe deutlich besser ab als deprimierte Versuchspersonen. Augenscheinlich beeinflusst die Befindlichkeit das schnelle Denken und dessen Funktionsweise: Bei guter Laune sind wir intuitiv und kreativ. Fühlen wir uns unwohl oder unzufrieden, geht der Kontakt zur Intuition verloren. Eine schlechte Befindlichkeit steht also dem Loslassen und damit der Umsetzung der automatisierten, lange erlernten Handlungsabläufe im Weg.

Leistungsträger müssen erkennen, dass destruktive Gedanken die eigene Befindlichkeit erheblich stören und damit das eigene Leistungsvermögen maßgeblich beeinträchtigen können. In diesem Zusammenhang ist interessant, dass die Befindlichkeit auch von der Ressourcen-/Anforderungen-Abwägung der jeweiligen Person in der aktuellen Situation abhängt. Fühlt man sich der wahrgenommenen Situation oder Anforderung gewachsen oder nicht? In Abhängigkeit von dieser Bewertung wird durch das schnelle Denken eine positive oder negative Prognose erstellt, die sich entsprechend positiv oder negativ auf Befindlichkeit und Kompetenzüberzeugung auswirkt.

Wie wir, als es um die Funktion des schnellen Denkens ging, bereits gesehen haben, ist eine solche Bewertung allerdings weder objektiv noch rational oder gar logisch. Entscheidend sind die Vorerfahrungen, die man mit der aktuellen Situation verbindet. Diese sind für die Assoziationen des schnellen Denkens ausschlaggebend.

So kann ein Fußballer je nach Vorerfahrung schwierige Wetterverhältnisse unterschiedlich interpretieren: als Herausforderung (»Bei diesen Bedingungen kann uns keiner schlagen!«) oder als Bedrohung (»Bei diesem Wetter können wir unsere Stärken gar nicht einsetzen, hoffentlich verlieren wir das Spiel nicht!«). Es gibt immer die Option, eine Situation eher negativ und als nicht mit den eigenen Ressourcen lösbar zu betrachten; oder auch als positiv und prinzipiell machbar zu sehen. Das schnelle Denken assoziiert in die eine oder die andere Richtung vor allem aufgrund der Interpretation von bisher gemachten Erfahrungen in vergleichbaren Situationen.

Zur Verdeutlichung wird immer wieder gerne das Bild vom halb vollen oder halb leeren Glas herangezogen. Das Glas ist nur halb gefüllt – ob voll oder leer, entscheidet der jeweilige Betrachter. Doch in den meisten Fällen ist das keine bewusste Entscheidung. Das schnelle Denken übernimmt prompt die Interpretation der Situation und stützt sie auf stabile Lernerfahrungen. Die Einsicht in diesen unterbewussten Prozess kann aber genutzt werden, um das langsame Denken (den Verstand) willentlich zu aktivieren und die vorschnelle Interpretation der Assoziationsmaschine umzuformulieren. Diesen Vorgang nennt man Reframing.

Begriff und Technik des Reframings stammen aus der systemischen Familientherapie.[127] Eine Situation wird in einem anderen Kontext (»Frame« ist das englische Wort für »Rahmen«) neu gesehen und erhält dadurch eine andere Bedeutung. Die Metapher hinter dem Ausdruck geht darauf zurück, dass ein Bilderrahmen stets einen Ausschnitt aus dem Gesamtbild definiert. Betrachtet man eine Situation aus einem anderen Blickwinkel, können neue Assoziationen und Deutungsmöglichkeiten entstehen.

Vielen ist das Reframing-Phänomen aus dem WM-Finale der Fußballweltmeisterschaft 1954 bekannt. Deutschland spielte damals gegen die viel höher eingeschätzten Ungarn, und der plötzlich einsetzende Regen schien die Aufgabe noch zu erschweren. Doch stattdessen erfolgte eine Neubewertung des Regens zum sprichwörtlichen »Fritz-Walter-Wetter«; aus der vermeintlichen Beeinträchtigung wurde eine Chance und letztlich ein Sieg. Mit bewusstem Denken ist es möglich, die irrationalen Assoziationen des schnellen Denkens (»Gegen die starken Ungarn, und jetzt auch noch schlechtes Wetter!«) und deren negative Auswirkungen auf Befindlichkeit und Kompetenzüberzeugung zu drehen und dann wieder zuversichtlich in den Wettkampf zu gehen. Dabei geht es nicht darum, einfach alles irgendwie positiv zu sehen, sondern die alternative Sicht der Dinge muss plausibel und logisch mit den eigenen Möglichkeiten, Ressourcen und Stärken in Verbindung gebracht werden können.

Was sind meine Möglichkeiten, Argumente und Potenziale in der wichtigen Besprechung, welche Stärken habe ich in der Vortragssituation, mit welchen Strategien bestehe ich in der anstehenden Auseinandersetzung?

Eine positive Befindlichkeit herzustellen, lässt sich nicht delegieren. Für das eigene Befinden ist niemand außer man selbst verantwortlich. Das kann kein Ehepartner, Vorgesetzter, Trainer oder Psychologe für einen übernehmen. Wichtig ist die Einsicht, dass man selbst dafür verantwortlich ist, ob man aufgrund von ungünstigen Rahmenbedingungen unzweckmäßige und irrationale Gedanken zulässt oder ob man aktiv und initiativ die wahrgenommenen und negativ interpretierten internen oder externen Gegebenheiten neu bewertet und als Herausforderung einschätzt.

Die externen Gegebenheiten beinhalten zum einen die relativ konstanten Rahmenbedingungen (im Sport beispielsweise das Wetter, die Gegner, das Stadion) und zum anderen momentane Situationen: etwa technische Fehler, Rückstand, Schiedsrichterentscheidungen. Auch bei den internen Gegebenheiten kann man zwischen andauernden Zuständen (etwa Gesundheit, Fitness und körperliche Verfassung) und momentanen Zuständen wie dem Gefühlszustand oder den Gedanken unterscheiden.

Auf dem Weg zur kontinuierlichen Spitzenleistung muss man damit rechnen, dass es nicht immer einfach und nett sein wird, die gesteckten Ziele zu erreichen. Im Sport hört man häufig den Spruch »Einfach – kann jeder!«. Oder pointierter formuliert: Leistungsträger können sich gerade auch in unangenehmen und schwierigen Situationen auszeichnen. Ja, Leistungsträger können sogar fast nur in schwierigen und unangenehmen Situationen den Unterschied zwischen sich und den weniger guten Mitbewerbern zeigen. Insofern sollten Leistungsträger schwierige, herausfordernde Situationen auch attraktiv finden.

In schwierigen Situationen steckt auch Potenzial. Es wurde schon oft beschrieben, dass Teams erst durch das gemeinsame Durchschreiten von Tiefs und Niederlagen weiter zusammenwachsen und dadurch das maximale Leistungsvermögen entfalten können.[128] Viele praktische Beispiele von erfolgreichen Teams zeigen, dass zum erfolgreichen Weg, etwa bis zum Gewinn eines begehrten Titels oder einer Meisterschaft, häufig auch schwierige Phasen und Krisen gehören.

So konnte man bei der Fußballweltmeisterschaft 2014 in Brasilien bereits im ersten Spiel der deutschen Nationalmannschaft sehen, dass diese Mannschaft das Potenzial zum Weltmeister hatte: Beim 4:0-Sieg über das Team von Portugal wirkte alles einfach, das Team spielte mit einer Leichtigkeit und einer Überzeugung, die man auch vor dem Bildschirm spüren konnte. Doch das für die später errungene Weltmeisterschaft wohl wichtigere Spiel war die schwierige Begegnung im Achtelfinale gegen Algerien, in der wenig klappte und erst nach mühsamem Kampf ein 2:1 in der Verlängerung erreicht wurde. Treffend ist die damalige Antwort des Innenverteidigers Per Mertesacker auf lästige Reporterfragen nach dem Spiel: »Glauben Sie, unter den letzten 16 ist irgendeine Karnevalstruppe, oder was? Sie haben uns das hier richtig schwer gemacht über 120 Minuten und wir haben gekämpft bis zum Ende. Und haben dann überzeugt, besonders in der Verlängerung. (…) Alles andere (…) ich leg mich jetzt erst mal drei Tage in die Eistonne und dann analysieren wir das Spiel und dann sehen wir weiter. (…) Wir sind weitergekommen, sind superhappy. Wir haben alles gegeben und bereiten uns jetzt auf Frankreich vor.«[129] Die erfolgreiche Bewältigung dieser schwierigen Situation trug sicherlich zur Überzeugung der Spieler bei, dass sie nicht nur auf einen guten Tag angewiesen waren, um gewinnen zu können, sondern dass sie auch unter schwierigen Bedingungen gemeinsam erfolgreich sein konnten.

Zusammengefasst:
Bei der unmittelbaren Vorbereitung auf eine Situation, in der es drauf ankommt, ist es notwendig, durch systematisch und kontrolliert geführte Selbstgespräche eine positive Befindlichkeit aufzubauen. Indem die Situation aus einem anderen Blickwinkel wahrgenommen wird (Reframing) und man die eigenen Stärken und Möglichkeiten objektiv der Anforderungssituation gegenüberstellt, ergibt sich eine Ausgangssituation, in der die optimistische Befindlichkeit sich positiv auf die Kompetenzüberzeugung auswirkt und in der somit die Automatismen des schnellen Denkens greifen können. Dabei sollten proaktiv schon im Vorfeld die Inhalte des Selbstgesprächs bestimmt werden, damit sie in der konkreten Situation auch den gewünschten Effekt auf die eigene Befindlichkeit erzielen.

Neben der passenden Befindlichkeit ist es in der unmittelbaren Vorbereitung zudem wichtig, die Aufmerksamkeit auf die jetzt relevanten Dinge zu lenken, sich also zu fokussieren.

Fokus

Die Unterscheidung, was jetzt relevant und was eigentlich irrelevant ist, überlassen wir in der Regel dem unterbewussten, schnellen Denken, welches allerdings nicht logisch operieren kann. Darum ist es mit der Unterscheidung, was gerade wichtig und was unwichtig ist, hoffnungslos überfordert. So erscheint es auf den ersten Blick als wichtige und relevante Unterscheidung, ob bei einer bestimmten Tätigkeit, zum Beispiel bei einem Strafstoß im Fußball, kein weiterer Mensch anwesend ist oder aber 80.000 Zuschauer. Für die eigentliche Aufgabe, den Elfmeter zu verwandeln, ist die Anzahl der Zuschauer jedoch völlig irrelevant. Natürlich erscheint es während einer Prüfungssituation zunächst wichtig, ob der Prüfer einen zu mögen scheint oder nicht. Für die eigentliche Aufgabe, einen gelernten Stoff wiederzugeben, ist das jedoch völlig irrelevant. Und natürlich scheint es auch bei einer Präsentation wichtig zu sein, ob wirklich alle Zuhörer am Thema interessiert sind. Doch ist das wirklich wichtig für das, was jetzt als Nächstes erforderlich ist? Natürlich nicht.

Relevant ist allein, ob man die Aufgabe, die als Nächstes gefragt oder gefordert wird, mit maximaler Präzision, Gewissenhaftigkeit und Disziplin angeht und sich nicht von Nebensächlichkeiten ablenken lässt.

Insofern ist es eine wichtige, mühsame und anstrengende Fertigkeit, die Aufmerksamkeit aktiv auf die nächste Aufgabe zu richten, die, wenn's drauf ankommt, tatsächlich relevant ist. Um allerdings zu verhindern, dass sich das bewusste Denken in automatisierte Bewegungsabläufe einschaltet, sollte man die Aufmerksamkeit weniger auf das lenken, was zu tun ist (denn das ist im Automatismus bereits festgelegt), sondern man sollte

a) auf die für den Automatismus benötigten Informationen achten, also auf alles, was ihn optimal funktionieren lässt, und

b) auf das »Wie«, also die Art und Weise, wie der Automatismus umgesetzt wird.[130]

Aufmerksamkeit kann nach außen oder nach innen und dabei eng oder weit gerichtet sein.[131] Wird die Aufmerksamkeit nach innen gelenkt, so nimmt man zum Beispiel ein bestimmtes Körpergefühl wahr oder die allgemeine Befindlichkeit – je nachdem, ob die Aufmerksamkeit eng oder weit fokussiert ist. Die Aufmerksamkeit kann aber auch nach außen gerichtet sein, auf die Umgebung und die Dinge um einen herum. Bei enger äußerer Ausrichtung würde ein Fußballspieler dann den Ball oder den Gegenspieler wahrnehmen, der sich gerade gegen ihn stellt. Weitet er seine Aufmerksamkeit ein wenig, dann nimmt er auch die taktische Konstellation auf dem Spielfeld wahr, und mit einer ganz breiten Ausrichtung erlebt er die Stadionatmosphäre und das Zuschauerverhalten.

Im Spitzensport hängt der Erfolg häufig davon ab, dass die Aufmerksamkeit situationsangemessen richtig ausgerichtet wird. In der Regel wird eine eher enge Ausrichtung (Fokussierung) benötigt. Es ist wie beim Lichtkegel einer Taschenlampe, der beim Wandern auf einem schmalen Gebirgsgrat den Pfad beleuchtet. Ist der Lichtkegel eng auf den Weg gerichtet, erkennt man wichtige Details, um das Stolpern zu verhindern oder Hindernissen adäquat auszuweichen. Ist der Lichtkegel hingegen ganz weit gestellt, richtet sich die Aufmerksamkeit auf – eigentlich irrelevante – Rahmenbedingungen des Pfades. Dann sieht man, wie dramatisch es rechts oder links abschüssig nach unten geht. Doch für die Bewältigung des Pfades ist es tatsächlich irrelevant, wie steil es links und rechts nach unten geht. Es geht allein darum, die Aufmerksamkeit so auszurichten, dass der Weg optimal bewältigt werden kann.

Dabei geht es

a) um wesentliche Grundbedingungen: Wo liegen Steine, welchen Wurzeln gilt es auszuweichen, wo sind sichere Trittstellen? Über die Gehbewegung an sich muss man sich keine Gedanken machen, hier wirkt der Automatismus, das schnelle Denken. Zudem geht es

b) um das »Wie«: Wo muss man besonders langsam gehen, an welcher Stelle kann man kurz innehalten und wann kann man eine Pause machen, um sich neu zu orientieren?

Die Aufmerksamkeit richtet sich also auf Kleinigkeiten, die es zu berücksichtigen gilt, damit die Handlung reibungslos ablaufen kann. Es geht nicht darum, sich mit der Technik oder dem Bewegungsablauf an sich zu beschäftigen. Solche Eingriffe des langsamen Denkens in bestehende Automatismen wurden bereits ausführlich erörtert: Sie stören die bereits angelegten Automatismen. Werden allerdings die wesentlichen Kleinigkeiten nicht erkannt und/oder nicht akribisch umgesetzt, sind die Bedingungen für eine Spitzenleistung ebenfalls nicht erfüllt.

In einem Hochseilgarten werden eigentlich einfache Aufgaben wie das Balancieren auf einem 10 Zentimeter breiten Holzsteg in mehreren Metern Höhe zu einem schier unlösbaren Problem. Dann kann man bei sich selbst schön beobachten, wie schwer es ist, in solchen Situationen das Irrelevante auszublenden (hier: die Höhe, in der die Aufgaben zu bewältigen sind) und sich allein auf die relevanten Dinge (die Kleinigkeiten) zu konzentrieren: Welche wesentlichen Grundbedingungen müssen unbedingt beachtet werden, um die Aufgabe erfolgreich bewältigen zu können (Breite und

Länge des Brettes, gegebenenfalls auch Hindernisse), und wie gelingt die Umsetzung (Arme ausbreiten, wohin den Blick wenden, wo den Fuß aufsetzen)? Ein Eingriff in das Was (hier: in den Bewegungsablauf beim Balancieren) würde zum Straucheln führen.

Wenn's drauf ankommt, geht es also darum, durch ein aktiv geführtes Selbstgespräch (langsames Denken) die Aufmerksamkeit auf die Kleinigkeiten zu richten und diese akribisch abzuarbeiten. Daher sollten Selbstgespräche positiv und handlungsorientiert formuliert sein: Man gibt sich im Selbstgespräch quasi selbst Kommandos, die die ausgeführte Handlung unterstützen.

Diese Kommandos beziehen sich, wie schon gesagt, auf die Kleinigkeiten: auf wesentliche Rahmenbedingungen und auf das »Wie« der Bewegungsausführung. Dabei ist es für das erfolgreiche Umsetzen des automatisierten Bewegungsablaufs immens wichtig, dass diese Kleinigkeiten durch das bewusste Denken berücksichtigt und einkalkuliert werden. Vor allem bei schwierigen Herausforderungen müssen diese Kleinigkeiten unbedingt beachtet werden. Sie sollten Gegenstand des Selbstgesprächs sein, nicht die Beschäftigung mit erwünschten und erhofften Folge- oder Zielzuständen, die überhaupt nicht direkt beeinflussbar sind. Erfolgreiche, konzentrationsfördernde Selbstgespräche sind prozessorientiert: Man beschäftigt sich nicht mit dem Ergebnis oder den Folgen, sondern nur mit dem nächsten Schritt.

Was ist bei einem wichtigen Spiel entscheidend? Zu gewinnen? Denkt man vielleicht, aber das liegt nicht in den Möglichkeiten des Spielers. Das Tore-Schießen oder gar das Gewinnen ist vom Spieler nicht direkt beeinfluss- oder kontrollierbar. Denn dabei spielen viele externe Faktoren eine

Rolle, die vom Spieler selbst überhaupt nicht gesteuert werden können (zum Beispiel Schiedsrichterentscheidungen, Glück oder Pech). Aber Tore und ein Sieg treten dann mit höherer Wahrscheinlichkeit auf, wenn der Spieler eine Aktion nach der anderen akribisch ausführt. Er muss die erforderlichen Grundbedingungen maximal erfüllen und das »Wie« der Ausführung optimal durchführen. Letztlich gilt es also, 90 Minuten lang immer auf die nächste Aktion fokussiert zu sein und diese optimal auszuführen, um so die Wahrscheinlichkeit zu erhöhen, dass ein Tor fällt – was wiederum die Wahrscheinlichkeit erhöht, dass dieses Spiel gewonnen wird.

Für das konzentrationsfördernde Selbstgespräch bedeutet dies bei einem Stürmer im Fußball, folgende Kleinigkeiten konsequent durchzuführen:

- richtiges Stellungsspiel/Anlaufen,
- saubere Ballannahme,
- schnellstmögliches Umschalten,
- Vororientierung (wo befinden sich Gegner und Mitspieler?).

Diese Kleinigkeiten sind eigentlich ganz einfache Dinge, deren erfolgreiche Umsetzung keine technisch-taktische Kompetenz erfordert. Jedoch ist die disziplinierte und konsequente Durchführung entscheidend, um die Chance auf Tore und letztlich auf einen Sieg zu wahren. Die Kleinigkeiten haben nichts mit sportspezifischem Können zu tun, sondern vielmehr mit Bereitschaft, Aufmerksamkeit und Disziplin.

Besonders deutlich wird dieses Prinzip in Leistungssituationen, in denen das Versagen drastische Konsequenzen wie Verletzung oder gar Tod nach sich ziehen würde. Ein Beispiel dafür ist das Free-Solo-Klettern, das freie Klettern ohne Sicherung, also ohne Seil und Karabiner. Einer der bekanntesten Kletterer in dieser Szene, Alexander Huber, gab in einem Interview zu, dass er sich natürlich auch mit möglichen Folgen wie einem Absturz und dem Tod beschäftige. »Vor jeder anspruchsvollen Free-Solo-Tour bin ich hin- und hergerissen. Ich bin überzeugt, dass ich es kann, aber mich überkommen auch schwarze Gedanken.« Doch Alexander Huber schafft es, diese Gedanken loszulassen, bevor er in die Wand geht. »Alle Gedanken, die Ängste, die Sorgen sind für die Tage davor bestimmt. Wenn ich klettere, reduziert sich meine Welt auf die wenigen Quadratzentimeter des nächsten Griffs.«[132]

Es erscheint auf den ersten Blick nicht unbedingt attraktiv und Erfolg versprechend, sich bei einem wichtigen Wettkampf diszipliniert und akribisch mit den Kleinigkeiten zu beschäftigen. Das ist anstrengend, und eigentlich will man sich doch dem Besonderen, dem Außergewöhnlichen widmen, weil es gerade jetzt drauf ankommt und so wichtig ist. Aber das konsequente Abarbeiten der Kleinigkeiten führt in der Regel dazu, dass sich beim Sportler mit der Zeit ein Gefühl der Sicherheit einstellt.

Wenn der Sportler sich in der Wettkampfsituation sicher fühlt, aktualisiert sich die Überzeugung der eigenen Kompetenz, und das intuitive Spiel funktioniert.

Kurz bevor die Situation, wenn's drauf ankommt, beginnt, sollte aktiv Kontrolle über die eigenen Gedanken ausgeübt werden. Es geht darum, über zurechtgelegte Selbstgespräche eine angemessene Befindlichkeit und eine disziplinierte Fokussierung auf die notwendigen Kleinigkeiten zu erreichen.

Vierter Teil
Mittendrin

Es geht los. Anpfiff, Abschlag, Startsignal. Jetzt zählt es. Die Aktivierung passt. Der Sportler ist fokussiert auf die Kleinigkeiten. Nun sind die ersten gelungenen Aktionen wichtig, um gut in den Wettkampf zu starten. Jetzt geht es darum, ein gutes Gefühl zu entwickeln – Sicherheit in den Aktionen aufzubauen und sich in der Wettkampfsituation wohlzufühlen.

In manchen Wettkämpfen ist ein guter Start schon die halbe Miete. Die ersten Aktionen laufen gut, der Sportler fühlt sich sicher und überlegen. Dann kann es sogar passieren, dass er in einen Flow-Zustand gerät.

Was ist ein Flow-Zustand? Mihály Csíkszentmihályi hat ihn beschrieben.[133] Er beobachtete Menschen, die mit Begeisterung Spitzenleistungen vollbrachten – Maler, Schachspieler, Bergsteiger, Tänzer oder auch Chirurgen – und die immer wieder über intensive Glücksgefühle bei der Ausführung ihrer Tätigkeiten berichteten. Ein Bergsteiger beschrieb seine Gefühle beim Klettern an einer Felswand zum Beispiel mit folgenden Worten: »Man ist dermaßen in der Tätigkeit ›drinnen‹, dass einem kein von der unmittelbaren Tätigkeit unabhängiges ›Ich‹ in den Sinn kommt ... Man sieht sich selbst nicht getrennt von dem, was man tut.«[134]

Ein Skeet-Schütze (Tontaubenschießen) beschrieb ein Flow-Erlebnis folgendermaßen: »Du bist wie auf einem Strahl. Die Waffe fliegt dir ins Gesicht. Du kannst nichts dagegen tun. Du machst das, wie es sich gehört. Du denkst, dass du genau das Richtige denkst. Die perfekte Situation, es kann nichts schiefgehen: überlegene Sicherheit.«[135]

Csíkszentmihályi bezeichnet Flow als das beglückend erlebte Gefühl eines Zustandes der völligen Vertiefung und des restlosen Aufgehens in einer Tätigkeit. Im Flow erlebt man die Tätigkeit, als würde sie von selbst ablaufen; die Automatismen des schnellen Denkens greifen. Kahneman spricht in diesem Zusammenhang auch von kognitiver Leichtigkeit.[136] Im Zustand der kognitiven Leichtigkeit kann das schnelle Denken ungestört agieren: keine Bedrohungen, keine Gefahr oder Probleme, keine Notwendigkeit, das langsame Denken hinzuzuschalten, sich also neu zu orientieren oder sich stärker anzustrengen.

Viele Sportler, die den Zustand des Flows einmal erlebt haben, wollen dieses Gefühl immer und immer wieder erleben, sind auf der Suche danach und wollen es manchmal so sehr, dass sie sich dabei selbst im Weg stehen. Es ist nicht möglich, durch bewusste Steuerung und willentlich in einen Flow-Zustand zu kommen. Das Loslassen ist eine kognitive Fertigkeit und letztlich eine wesentliche Voraussetzung dafür, dass man die lange erlernten Automatismen des schnellen Denkens ungestört agieren lassen kann und einen Flow-Zustand erlebt.

Doch leider erreicht, besser gesagt: erfährt man als Sportler einen solchen Flow-Zustand nicht so einfach. Es kommt zwar schon vor, dass man einen Lauf hat und wie im Rausch einen Wettkampf nach dem anderen überlegen gewinnt. Meistens sehnen sich die Sportler aber nur nach diesem Zustand. Sie müssen erfahren, dass trotz perfekter Vorbereitung im Wettkampf nicht alles mit Leichtigkeit gelingen will. Dann ist es hilfreich, mit mentalen Strategien zu arbeiten.

Es ist eine Fertigkeit, im Wettkampf aktiv und diszipliniert die Gedanken zu kontrollieren und zu steuern. Wichtig ist die Einsicht, dass man trotz guter Form und guter Vorbereitung nicht einfach passiv geschehen lassen kann, was sich im Kopf abspielt. Aber woran soll man denken, mitten im Wettkampf, wenn's drauf ankommt? Eine erste wichtige Bedingung besteht darin, die Aufmerksamkeit auf das »Hier und Jetzt« auszurichten.

Kapitel 10
Im Hier und Jetzt

Nehmen wir zum Beispiel ein Tennisspiel: Der Wettkampf geht gut los. Der Tennisspieler hat sich mit einfachen, aber guten Aktionen ins Spiel gebracht. Es läuft alles nach Plan: Die eigenen Aufschlagspiele werden gewonnen, der Gegner gewinnt seine Spiele. Es ist noch nichts Außergewöhnliches passiert. Der entscheidende Aufschlag zum Gewinn des nächsten Spiels steht an. Dem Tennisspieler unterläuft ein Doppelfehler. Eine kleine Irritation, aber bei einem Spielstand von 40:40 ist noch nichts passiert. Allerdings wird auch der nächste Punkt verloren und bei Vorteil des Gegners gibt der Schiedsrichter einen knappen Ball aus – das Spiel ist verloren. Der Gegner führt mit 5:4 und kann bei eigenem Aufschlag den ersten Satz für sich entscheiden.

Eigentlich ein ganz normaler Ablauf für ein Tennisspiel.

Das Match ist noch völlig offen, trotzdem beschäftigen den Spieler unter Umständen Gedanken, die sich mit dem möglichen Endergebnis, dem Scheitern und dem vielleicht drohenden Ausscheiden beschäftigen. Das schnelle Denken aktiviert den »Vorstandsvorsitzenden« (das langsame Denken) mit dem Hinweis: Wir brauchen Unterstützung, es zeichnet sich sonst womöglich eine Niederlage ab. Vielleicht geht dem Spieler auch der Gedanke an den unnötigen Doppelfehler nicht aus dem Kopf oder die strittige Schiedsrichterentscheidung lässt ihn nicht los.

In stressigen Wettkampfsituationen beschäftigen sich auch Spitzensportler nicht nur mit dem, was jetzt gefordert ist, mit ihrer Aufgabe und den nächsten Handlungsschritten, sondern mit der Vergangenheit (hier: Doppelfehler,

Schiedsrichterentscheidung) oder möglichen Szenarien in der Zukunft (hier: Endergebnis, mögliches Scheitern).

Doch wir leben im Hier und Jetzt und können nur auf den nächsten Moment Einfluss nehmen. Demnach sollte der Sportler im entscheidenden Augenblick seine Aufmerksamkeit auch auf das Wesentliche im Hier und Jetzt fokussieren können (Abb. 3a).[137]

a)   b)   c)

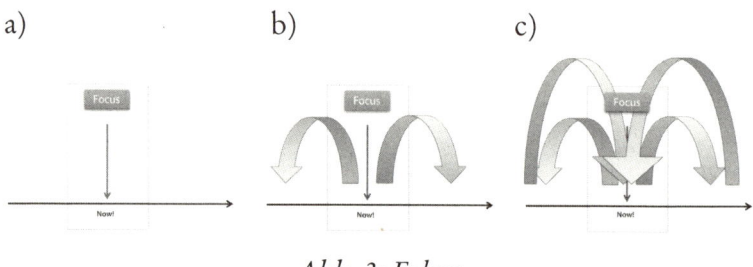

Abb. 3: Fokus

Viele Sportler schweifen jedoch gerade im Wettkampf ab zu möglichen Szenarien in der Zukunft (etwa dem Endergebnis) oder zu Ereignissen aus der Vergangenheit (zum Beispiel einem vorangegangenen Fehler, Abb. 3b).

Das kennt man auch von Anforderungssituationen außerhalb des Sports: In der Prüfungssituation beschäftigt man sich mit dem möglichen Abschneiden, im Verkaufsgespräch hat man den möglichen Kaufabschluss schon im Kopf, in der Diskussion bleibt man bei einem provozierenden Gegenargument hängen.

Interessanterweise sind Gegenstand dieses Hängenbleibens oder Vorausspringens nicht nur negative Erlebnisse oder Zukunftsszenarien. Genauso bleiben Sportlern besonders gelungene Aktionen (ein verwandelter Freistoß, ein gelungenes Überholmanöver, ein erfolgreicher Trick) noch im

Kopf. Oder sie beschäftigen sich bereits mit dem sicher geglaubten Sieg und Erfolg. So gibt es bei Wettkämpfen immer wieder kuriose Szenen zu sehen, in denen der eigentlich sichere Sieg kurz vor dem Ende des Wettkampfs noch leichtfertig vergeben wird. Im Radrennsport reißt der vermeintliche Sieger auf den letzten Metern bereits siegessicher die Arme in die Höhe, kommt ins Straucheln und wird auf den letzten Metern noch überholt. Beim Boxen erlebt man, wie Kämpfer, die nach Punkten uneinholbar führen, in der letzten Runde nachlässig werden, noch den Lucky Punch des Gegners kassieren und mit Knock-out verlieren.

Statt das Rennen oder den Kampf fokussiert und gewissenhaft zu Ende zu bringen, gelangen emotional gefärbte Gedanken des nahenden Sieges in den Kopf und stören das jetzt eigentlich erforderliche fokussierte Denken.

Für das erfolgreiche Handeln auf höchster Leistungsebene wird bewusstes, langsames Denken benötigt: Aufmerksamkeit und Fokussierung. Dabei soll das bewusste Denken aber nicht in die Automatismen eingreifen, sondern nur sicherstellen, dass das »Wie«, also alle erforderlichen Rahmenbedingungen, erfasst und die Art und Weise des Handelns daran angepasst wird.

Die Fertigkeit besteht an dieser Stelle darin, die Aufmerksamkeit aktiv von den irrelevanten, sich gegebenenfalls sogar destruktiv auswirkenden Denkinhalten abzulenken, hin zu den jetzt hilfreichen und konstruktiven Dingen, die als Nächstes handlungsrelevant sind (vgl. Abb. 3c). Wenn's drauf ankommt, gilt es, sich auf nur eine Sache zu fokussieren – auf das eine, was jetzt wichtig ist.[138] Der bereits zitierte Extremkletterer Alexander Huber sprach von den »wenigen Quadratzentimetern des nächsten Griffs« beim Free-Solo-Klettern.

Aus dem Alltag kennt man allerdings vielerlei Situationen, in denen man offenbar mehrere Dinge gleichzeitig tun kann: das sogenannte Multitasking, zum Beispiel ein Auto unfallfrei durch den Straßenverkehr zu manövrieren und gleichzeitig zu telefonieren.

Wissenschaftliche Studien zeigen, dass das zeitgleiche, bewusste Beschäftigen mit mehreren Dingen (Multitasking) durchaus funktioniert, allerdings mit einer erheblichen Leistungseinbuße verbunden ist.[139] Die Leistungsfähigkeit geht schon dann deutlich zurück, wenn lediglich zwei einfache Aufgaben gleichzeitig zu bewältigen sind.

In einem viel zitierten Experiment zum Multitasking im Straßenverkehr wurde der Einfluss des Telefonierens auf die Fahrleistung in einem Fahrsimulator untersucht.[140] Im Gegensatz zu den Probanden, die sich nur mit dem Autofahren beschäftigten, übersahen die gleichzeitig telefonierenden Probanden mehr als doppelt so viele Verkehrszeichen, und beim Bremsen brauchten sie eine deutlich längere Reaktionszeit.

Dies erklärt sich daraus, dass das menschliche Gehirn seine Aufmerksamkeit nicht auf zwei bewusste Tätigkeiten aufteilen kann.[141] Vielmehr springt die Aufmerksamkeit zwischen beiden Tätigkeiten hin und her. Wird eine Tätigkeit unterbrochen und die Aufmerksamkeit etwas anderem gewidmet, dann sind die Informationen zur ersten Tätigkeit verloren. Soll dann der Faden wieder aufgenommen werden, müssen die Informationen erst von Neuem aus der Erinnerung oder aus der Umwelt zusammengestellt werden.[142]

Auch bei Tätigkeiten, die eigentlich unterschiedliche Denksysteme beanspruchen, etwa Treppensteigen (automatisiert: schnelles Denken) und Telefonieren (Sätze formulieren, argumentieren: langsames Denken), kommt es zum

Aufgabenwechsel, sobald ein Problem auftritt oder es gefährlich wird, weil zum Beispiel etwas im Weg steht. Dann wird das Telefonat unterbrochen; das Treppensteigen beansprucht jetzt die volle Aufmerksamkeit.

Joggen auf einer breiten Asphaltstraße benötigt fast keine Aufmerksamkeit; das würde man auch mit geschlossenen oder verbundenen Augen mehr oder weniger gut hinbekommen. Man kann den Blick von der Laufstrecke abwenden und sich mit Aussicht, Natur oder Straßenverkehr beschäftigen. Aber schon für das erfolgreiche Bewältigen der Bordsteinkante muss der Bordstein zuvor erfasst werden, und beim Wechsel auf einen schmalen Waldweg mit Wurzeln, Matsch und Pfützen braucht es schon die volle Aufmerksamkeit, um nicht auszurutschen oder zu stürzen.

Kahneman spricht an dieser Stelle von einem begrenzten Aufmerksamkeitsbudget, das man auf verschiedene Aktivitäten verteilen kann.[143] Anders gesagt: Man kann mehrere Dinge gleichzeitig tun, aber nur, wenn sie einfach und anspruchslos sind. Sobald die Anforderung steigt und Leistung von uns gefordert wird, können wir uns nur noch mit einer Sache beschäftigen. Wenn der Sportler eine Handlung optimal – auf seinem individuell höchsten Niveau – durchführen soll, benötigt er für die erforderlichen Rahmenbedingungen und für die Art und Weise der Umsetzung hundert Prozent seiner Aufmerksamkeit.

In der Wettkampfsituation muss der Sportler also erkennen, wann er mit seinen Gedanken in der Vergangenheit hängen bleibt und wann er schon über zukünftige Szenarien nachdenkt. Dieses gedankliche Entfernen aus dem Fokus im Wettkampf kommt häufig vor: ein Gegentreffer, ein Tor, ein aktualisierter Spielstand, ein nicht geahndetes Foul, eine

Fehlentscheidung des Schiedsrichters – jedes Mal wird der Sportler aus dem Fokus der Handlung gerissen und beschäftigt sich mit den Störungen (er bleibt daran hängen oder er malt sich Konsequenzen für die Zukunft aus). Nicht selten ist ein solcher Konzentrationsverlust mit einer gehörigen Portion Emotionalität verbunden, was es noch schwieriger und anstrengender macht, sich mit bewusstem, rationalem Denken wieder dem Wesentlichen zuzuwenden. In solchen Situationen möglichst schnell zu erkennen, dass eine neue Ausrichtung des Fokus nötig ist, ist die relevante Fertigkeit für eine gute Leistung.

Um dies zu meistern, arbeiten viele Sportler mit Ritualen, um mittels Gewohnheiten an die erneut erforderliche Fokussierung erinnert zu werden. Derartige Rituale haben sich in vielen Sportarten fest etabliert. Allerdings müssen die Rituale zu der Sportart, den zeitlichen Rahmenbedingungen der Wettkampfsituation und den individuellen Eigenarten passen.

Im Golfsport werden Rituale auch Routinen genannt und man unterscheidet zwischen einer »Pre Shot«-Routine (vor dem Schlag) und einer »Post Shot«-Routine (nach dem Schlag). Im Rahmen einer Routine laufen zuvor ganz genau abgestimmte Handlungs- und Gedankenprozeduren ab, die für jeden Schlagtyp (Abschlag, Annäherung oder Putting) angepasst sind und in der jeweiligen Situation akribisch eingehalten werden. Teil dieser Routine ist in der Regel eine Art Systemcheck, bei dem der Golfer prüft, ob er mit den Gedanken im Hier und Jetzt ist, ob er noch über Vergangenes nachgrübelt (etwa über den nicht geglückten Putt am letzten Loch) oder ob er sich bereits mit Zukünftigem beschäftigt, zum Beispiel mit dem aktuellen Ranking oder dem möglichen Erreichen des Cuts (und damit dem Verbleib im Turnier). Die Sportler entwickeln häufig kreative Ideen dazu, wie im Rahmen einer Routine, insbesondere nach einem misslungenen Schlag, diese letzte Aktion abgehakt werden kann und man sich dann wieder fokussiert der nächsten Anforderung, dem nächsten Schlag widmen kann.

Manche Golfer nehmen einen Schluck aus der Trinkflasche und spülen sozusagen den misslungenen Schlag mit dem Schluck Wasser herunter. Andere setzen sich eine gedachte Linie und mit dem Überschreiten dieser Linie ist der letzte Schlag abgeschlossen. Oder es ist der Schläger, der im Golfbag verschwindet, oder der Handschuh, der ausgezogen wird. Nach dieser Handlung, die in manchen Fällen auch ein paar Sekunden hinausgezögert werden kann, ist der letzte Schlag abgehakt.

Allgemein lassen sich folgende Empfehlungen für ein Ritual in Wettkampfsituationen ableiten, um zurück zum angemessenen Fokus zu gelangen:

- Finde etwas Positives an der vergangenen Aktion![144]
- Überlege eine wirksame Maßnahme, um zuversichtlich die nächsten Anforderungen anzugehen!
- Schließe die Routine mit einer Handlung ab!
- Lass keine weiteren Gedanken zur vergangenen Situation zu!

Nicht immer ist es wie beim Golf möglich, nach einer Aktion mit einem entsprechenden Ritual zu versuchen, gedanklich ins Hier und Jetzt zurückzukommen. In vielen Sportarten geht der Wettkampf sofort weiter, auch nach einer misslungenen Aktion oder einer Aktion, die mit heftigen emotionalen Reaktionen verbunden ist. Trotzdem ist es auch in solchen Wettkämpfen für den weiteren Verlauf fatal, wenn der Sportler an der letzten Aktion hängen bleibt und den Fokus verliert.

In manchen Sportarten nutzt man deshalb Erinnerungshilfen, die zum Beispiel am Sportgerät deutlich sichtbar angebracht werden. Bei Fahrradfahrern klebt ein solches Signal auf dem Lenker, bei Eishockeytorhütern auf der Trinkflasche und bei Skifahrern sind manchmal die Handschuhe mit derartigen Signalen versehen.

Ziel dieser Erinnerungshilfen ist es, dass diese im Blickfeld des Sportlers recht häufig auftauchen und er damit den Hinweis bekommt, seine Gedankenwelt zu prüfen, um so gegebenenfalls durch aktives Eingreifen zurück ins Hier und Jetzt zu finden. Die Gedanken sollten sich dann eben um die Dinge drehen, die für die nächste Aktion relevant sind (die sogenannten Little Jobs).

Auch im außersportlichen Bereich können solche kleinen Erinnerungen helfen, zurück zum Fokus zu finden. Auch hier sind es oft kreative Lösungen, die in den Ablauf so eingebaut werden, dass regelmäßig die eigene Fokussierung überprüft wird. Beim Redner kann dies ein Hinweis auf dem Manuskript sein, in einer Besprechung der Schluck Wasser und im Verkaufsgespräch der Aufkleber auf einem Bildschirm. Der Weg zur Fokussierung im Hier und Jetzt verläuft über die Sensibilisierung für die eigene Gedankenwelt und damit über das rechtzeitige Erkennen und Gegensteuern, wenn der Fokus verlassen wird.

Eine weitere Möglichkeit, wieder ins Hier und Jetzt zurückzufinden, ist soziale Unterstützung, die insbesondere dann besonders effektiv eingesetzt werden kann, wenn man in der Wettkampfsituation als Team agiert. Hier wird das gegenseitige Coaching einerseits dazu genutzt, um dem Mitspieler taktische Informationen zu geben, die dieser aus seiner Perspektive nicht erschließen kann (beispielsweise ein Gegner, der sich in seinem Rücken nähert). Andererseits kann der Teamkollege so aber auch Sorge tragen, dass der Mitspieler mit seinen Gedanken im Hier und Jetzt ist und nicht bei einer fehlerhaften oder strittigen Situation »hängenbleibt« oder etwa mit den Gedanken schon in der Zukunft ist. Wichtige Voraussetzung hierfür ist, dass ein derartiges gegenseitiges Coaching auch als Coaching, das heißt als hilfreiche Unterstützung, aufgenommen wird und nicht als Kritik, die womöglich noch persönlich interpretiert wird. Insofern müssen in einer wachsenden Kultur des Helfens und Aufeinander-Aufpassens sowohl das gegenseitige Coachen (was sage ich und wie sage ich es?) als auch die passende Interpretation besprochen und im regelmäßigen Training angewendet und aufeinander abgestimmt werden.

Es kann immer wieder passieren, dass man im Wettkampf den Fokus verliert und sich mit Zuständen in der Zukunft beschäftigt oder an vergangenen Situationen hängen bleibt – die Fertigkeit besteht darin, dies möglichst schnell zu erkennen und aktiv die erneute Fokussierung herbeizuführen.

Kapitel 11
Breaks effektiv nutzen

Auszeit! In Sportarten wie Handball, Hockey oder Eishockey können die Trainer den laufenden Spielbetrieb für einige Sekunden unterbrechen und eine Auszeit nehmen. Diese Auszeit wird genutzt, um den Spielfluss des Gegners zu unterbrechen und um mit taktischen Maßnahmen und Informationen auf die Spielweise des eigenen Teams positiv einzuwirken. Eine Unterbrechung ist hier eine gezielte Intervention, um einen positiven Effekt bei Spielern und Mannschaft zu erreichen. Eine Pause oder eine Unterbrechung ist immer auch eine Chance, physiologisch und psychologisch den eigenen Zustand zu optimieren.

Doch wie kann man Pausen und Unterbrechungen so effektiv wie möglich nutzen? Im letzten Kapitel wurde bereits verdeutlicht, dass sich Unterbrechungen oder Pausen während eines Wettkampfs ideal dafür eignen, fokussiert zu bleiben beziehungsweise in den Fokus zurückzufinden. Ebenso gut lassen sich Wettkampfunterbrechungen aber auch nutzen, um

- die emotionale Verfassung zu regulieren,
- die Aktivierung zu beeinflussen,
- physiologische Bedürfnisse zu befriedigen und
- letztlich das psychophysiologische System wieder optimal auf die jetzt anstehenden Anforderungen auszurichten.

Auch hier helfen bei der optimalen Pausengestaltung trainierte Rituale und Abläufe. Interessanterweise sind allerdings in nur wenigen Sportarten Pausen oder Wettkampf-unterbrechungen entsprechend organisiert.

Die Pause kann

a) systematischer Bestandteil des Wettkampfes sein (Halbzeit- oder Drittelpause in den Spielsportarten),

b) eine normale und *regelmäßige* Gegebenheit sein, die durch die Sportart beziehungsweise die Regularien gegeben ist (zum Beispiel Aufschlagwechsel im Tennis oder die Pause zwischen den Schlägen im Golf, die Pausen zwischen den Runden beim Boxen).

c) eine normale, aber *unregelmäßige* Gegebenheit sein, die durch das Wettkampfgeschehen oder entsprechende Regularien vorgegeben ist (zum Beispiel Unterbrechungen im Fußball, um verletzte Spieler zu behandeln, oder Unterbrechungen im Eishockey, um strittige Szenen per Videobeweis zu klären).

d) eine Besonderheit darstellen, die durch bestimmte Notwendigkeiten im Wettkampfablauf entsteht (Safety-Car-Phase im Motorrennsport). Und in einigen Sportarten entstehen für manche Sportler sogenannte

e) Pseudopausen, beispielsweise für den Torwart im Spielsport, der bei Ballbesitz der eigenen Mannschaft nicht unmittelbar ins Spielgeschehen involviert ist.

Dementsprechend unterschiedlich und differenziert muss der Sportler mit der Unterbrechung umgehen, um sie möglichst effektiv zu nutzen.

Im Tennis dient die Pause zum Seitenwechsel anderen Zwecken als die (deutlich kürzere) Pause zwischen den Ballwechseln. Beim Seitenwechsel werden in einem ritualisierten Ablauf folgende Aufgaben abgearbeitet:

- Abtrocknen
- Trinken
- Essen
- Materialcheck
- Systemcheck
  - Befindlichkeit?
  - Fokus?
  - Emotionalität?
- Verfassung herstellen! Nächste Aktion! Was ist jetzt zu tun? Worauf ist zu achten?

Während des Matches, in den deutlich kürzeren Pausen zwischen den Ballwechseln, können bestimmte Zonen (zum Beispiel der Bereich hinter der Grundlinie) definiert werden, die der Spieler zu Regulationszwecken aufsucht. Manchmal wird diese Zone auch »Cry and Anger«-Zone genannt, denn hier ist es erlaubt, kurzfristig seinen durch Frust und Enttäuschung aufgestauten Emotionen freien Lauf zu lassen. Allerdings muss beim Verlassen dieser Zone die adäquate Verfassung wiederhergestellt sein. Auch in weniger emotional aufgeladenen Situationen dient die »Cry and Anger«-Zone zum kurzfristigen Durchschnaufen und zur erneuten Fokussierung.

Es empfiehlt sich, im Wettkampf bestimmte Umwelten, Räume oder Bereiche zu definieren, die zur kurzfristigen Entspannung genutzt werden können. Im Tennis ermöglichen die eingezeichneten Linien und deren Verlängerung mögliche Räume, beim Fußballtorwart liegen häufig im eigenen Tor Trinkflasche und ein Handtuch zum Abtrocknen bereit, in der Leichtathletik werden bestimmte Zonen im Stadion mit persönlichen Utensilien versehen, um sich kurz hinzulegen und zu entspannen.

Beim Golf ist der Zeitraum zwischen den Schlägen die Möglichkeit für eine kurze Entspannung. Wie auch in anderen Sportarten, in denen der Wettbewerb unter Umständen recht lange dauert, gilt es beim Golf besonders, die sich ergebenden Pausen zur Kurzzeitentspannung zu nutzen. Im Golf ist es erforderlich, über Stunden hinweg permanent in der Lage zu sein, die Aufmerksamkeit zu fokussieren und zudem Emotionalität und Befindlichkeit situationsangemessen zu regulieren – Tätigkeiten, die bewusstes, langsames Denken erfordern, demnach mühsam sind und Energie erfordern.

Neben adäquater Ernährung zwischen den Löchern und Schlägen muss auch die Aktivierung stets angepasst werden. So hat sich bei Golfern neben der bereits angesprochen »Pre Shot«- und »Post Shot«-Routine eine »Between Shot«-Routine etabliert. Das heißt, auch der Zeitraum nach Beendigung eines Schlages bis zur Vorbereitung auf den nächsten Schlag wird systematisch genutzt. In dieser Phase, in der der Golfer zu der Stelle geht, an der sein Ball bereit liegt, oder in der er abwarten muss, bis er wieder an der Reihe ist, werden gezielt kurze Maßnahmen durchgeführt, um eine Entspannung zu erreichen. Diese orientieren sich an den Umweltgegebenheiten, der Wahrnehmung und dem Verhalten.

Der Raum, das heißt die Strecke, die zum Ball gelaufen werden muss, ist durch den vorangegangenen Schlag vorgegeben (*Umwelt*). Wie die Strecke absolviert wird, ist noch gestaltbar. Zur Entspannung ist es nicht unbedingt empfehlenswert, sich mit den Gegnern, die in der aktuellen Kleingruppe (Flight) zusammenspielen, zu unterhalten. Es ist nicht kontrollierbar, welche (vielleicht durchaus gut gemeinten) Kommentare wahrgenommen werden, und es kostet zudem Energie, möglicherweise negative Inhalte nicht persönlich zu nehmen oder unberücksichtigt zu lassen. Insofern ist es besser, sich von möglichen Störquellen zu distanzieren und die Strecke allein zurückzulegen. Die *Wahrnehmung* sollte jetzt aktiv auf beruhigende, angenehme Dinge gerichtet werden (die Natur, den Himmel und die Wolken). Zudem geht der Golfer nicht schneller als unbedingt nötig (*Verhalten*). Er verlangsamt gezielt seinen Schritt, sodass die Schrittfrequenz deutlich unter der aktuellen Herzfrequenz liegt und damit das langsame Gehen entspannend wirkt.

In jeder Wettkampfsituation gilt es, vorab zu klären, wo sich Räume finden, die zum Zweck der Entspannung aufgesucht werden können. Wie können darüber hinaus die Umwelt, die Wahrnehmung und das Verhalten so gestaltet werden, dass ein aktuell angemessener Entspannungseffekt entsteht?

Auch auf unerwartete, schwer kalkulierbare Wettkampfunterbrechungen muss der Sportler vorbereitet sein und vorab prüfen, welche Räume verfügbar wären und wie die Zeit der Unterbrechung sinnvoll genutzt werden könnte. Der Formel-1-Fahrer darf während der Rennunterbrechung durch eine Safety-Car-Phase seinen Rennwagen nicht verlassen. Er kann jedoch sein Verhalten und seine Wahrnehmung so gestalten, dass diese Phase des Rennens zur Entspannung genutzt wird und er das Rennen später gestärkt fortsetzen kann. Dabei geht es um Nuancen. Bereits Kleinigkeiten wie das kurze Strecken und Mobilisieren der Finger und der Nackenmuskulatur oder die kurzzeitige tiefe Bauchatmung können sich entscheidend auf die Vitalität des Fahrers auswirken.

Diese Beispiele zeigen, wie man bei vielen Gegebenheiten immer eine Möglichkeit zur Entspannung finden kann. So lassen sich auch im Alltag meistens Räume finden, um sich durch geeignetes Verhalten und entsprechende Wahrnehmung zu entspannen.

Manchmal sieht der Wettkampf jedoch weder Pausen noch Unterbrechungen vor. Für solche Fälle wird mit den Sportlern der Wettkampfablauf genau analysiert und dabei besprochen, in welchen Wettkampfphasen dennoch kleine Entspannungsinseln eingebaut werden können (zum Beispiel in den Pseudopausen).

Bei der Analyse des Streckenverlaufs mit einem Motorradfahrer bei einem Grand-Prix-Rennen zeigte sich, dass insbesondere nach der ersten Kurve ein sehr anspruchsvoller Streckenabschnitt folgte, der vom Fahrer höchste Fokussierung und maximale Bereitschaft verlangte, »ans Limit zu gehen«. Zur Bewältigung dieser Schikane wäre es hilfreich gewesen, wenn der Fahrer unmittelbar zuvor kurz hätte durchschnaufen und entspannen können. Darum wurde das relativ anspruchslose Teilstück vor der Schikane, die lange Start-Ziel-Gerade, als Entspannungsphase definiert. Hier sollte der Fahrer einlenken, maximal beschleunigen und dann mit drei bis vier tiefen Atemzügen in den Bauch eine Kurz-Atementspannung durchführen. Spätestens zum Bremspunkt musste diese Phase beendet sein, sodass die Kurve vor der Schikane optimal gefahren werden konnte.

Eine weitere besondere Situation der Wettkampfunterbrechung sind unerwartet lange Pausen unmittelbar vor dem Start in den Wettkampf. Im alpinen Ski-Rennsport oder beim Skispringen ergibt sich immer wieder folgende Situation: Eigentlich ist die Startvorbereitung abgeschlossen und der Start steht unmittelbar bevor, aber aufgrund eines Sturzes des zuvor gestarteten Gegners oder aufgrund von geänderten Windverhältnissen wird der Start spontan aufgehalten. Der Sportler weiß nicht, wie lange die Unterbrechung dauern wird, es kann aber jederzeit das Signal erfolgen, dass in wenigen Sekunden gestartet werden wird.

Ist man auf diese Situation mental nicht vorbereitet, wird das unterbewusste Denken wahrscheinlich Gefahr wittern und entsprechende Gedanken entwickeln: »Es ist schwieriger als gedacht!«, »Es kann sogar gefährlich werden, pass auf!«, »Hoffentlich passiert mir nichts!« oder »Jetzt muss ich besonders aufpassen!«.

Für solche Fälle haben Sportler bestimmte Rituale festgelegt, die dafür sorgen sollen,

a) dass die Aktivierung auf dem optimalen Niveau bleibt und diese Pause gegebenenfalls durch eine kurze Entspannungsphase sogar effektiv genutzt werden kann und

b) dass aktiv geführte Selbstgespräche dafür Sorge tragen, dass die Überzeugung von der eigenen Kompetenz aufrechterhalten werden kann.

Diese Rituale werden individuell abgestimmt und an den möglichen Situationsverlauf angepasst, sodass der Sportler adäquat reagieren kann. Am Beispiel eines alpinen Abfahrtslaufes wird im Folgenden ein solches Ritual dargestellt.

Der Skifahrer hat seine normale Wettkampfvorbereitung abgeschlossen, die Aktivierung ist naturgemäß beim Abfahrtslauf recht hoch, der Streckenverlauf wurde mehrfach im Kopf durchgespielt, zudem sind relevante Informationen des aktuellen Pistenzustands und die Erkenntnisse aus der Beobachtung der zuvor gestarteten Fahrer aktualisiert und integriert worden. Dafür stehen in der Regel beim Abfahrtslauf die Trainer nicht im Ziel oder am Start, sondern an der Piste verteilt. So können sie ihrem Fahrer kurz vor dem Start mitteilen, ob sich eventuell der Zustand der Piste an einer bestimmten Stelle gravierend verändert hat (weich geworden, Eisplatte oder Ähnliches) und wie die zuvor gestarteten Fahrer bestimmte Schwierigkeiten bewältigt haben. Diese Informationen helfen bei der Einschätzung, ob die zuvor festgelegte »Linie«, die Taktik im alpinen Rennsport, aufzugehen scheint. Dementsprechend wird über Funk dem Fahrer mitgeteilt: »Fahren wie besichtigt!« oder es werden eben gewisse Änderungen besprochen, zum Beispiel: »Den Übergang direkter anfahren!«

In den letzten Sekunden im Starthaus konzentriert sich der Fahrer auf die Linie, die zu fahren er sich vorgenommen hat, und baut eine Überzeugung von der eigenen Kompetenz auf. Der direkt vor ihm startende Konkurrent erhält die Freigabe und ist unterwegs. Der Fahrer lässt nur noch Gedanken an die ersten zwei Tore zu, sieht die Linie vor sich und ist bereit. Doch dann kommt das Signal: Startunterbrechung. Dem Fahrer wird nicht mitgeteilt, warum unterbrochen wurde und wie lange die Unterbrechung andauern könnte.

Folgendes Ritual spielt sich ab:

- Die ersten Sekunden: »Spannung durch tiefes Durchatmen etwas abbauen. Es geht gleich weiter! Atmen, Muskulatur entspannen, Fokus auf Linie, alles nach Plan. Gutes Gefühl, Überzeugung in die eigene Kompetenz.«
- Länger als 30 Sekunden: »Auskühlung vermeiden, Trainingsjacke überwerfen, gegebenenfalls passive Maßnahmen wie Massage der Beine durch den Phy-

siotherapeuten einleiten, mit tiefem Durchatmen der Anspannung entgegenwirken. Mentales Training: die ersten paar Tore in der Vorstellung absolvieren. Spannung wieder aufbauen, gleich geht's los.«

- Länger als 2 Minuten: »Abschalten, Relaxen, Neuaufbau.« Die Wettkampfvorbereitung wird von vorne gestartet. Unter Umständen werden Vorläufer eingesetzt, sodass Zeit für ein (eventuell etwas verkürztes) Vorbereitungsritual zur Verfügung stehen sollte.

Wettkampfpausen und -unterbrechungen sollten nicht als Störung empfunden werden. Eine Pause oder eine Unterbrechung ist eine nützliche und wertvolle gewonnene Zeitspanne, in der bestimmte Justierungen vorgenommen werden.

Auch im außersportlichen Bereich entstehen in vielen Anforderungssituationen mehr oder weniger fest eingeplante Pausen oder plötzliche Unterbrechungen. Auch hier ist eine Pause oder Unterbrechung immer eine Chance, den eigenen physiologisch-psychologischen Zustand zu prüfen und gegebenenfalls zu korrigieren oder zu regulieren. Wichtig ist, dass man vorher prüft, welche Möglichkeiten bei Umweltgegebenheiten (Räumlichkeiten etc.), Wahrnehmung (Was sehen? Was hören?) und Verhalten (Sitzen bleiben, kurzer Spaziergang, Toilettengang) zur optimalen Gestaltung einer Pause oder Unterbrechung nutzbar sind.

Von den situativen Gegebenheiten unabhängig sind individuell entwickelte Rituale, die, wenn sie gut trainiert sind, fast überall zur Pausengestaltung angewendet werden können. Durch Rituale können unangemessene Gedanken und Stimmungen modifiziert und eine Kurzzeitregeneration eingeleitet werden.

Insbesondere in Phasen eines Wettkampfes, in denen es nicht so gut wie erwartet läuft, in denen es schwierig wird, sind Pausen und Unterbrechungen wertvolle Möglichkeiten, um zur eigenen Leistungsfähigkeit zurückzufinden.

Wettkampfunterbrechungen oder Pausen können als wertvolle Zeitspannen genutzt werden. Um dies so effektiv wie möglich zu gestalten, empfehlen sich Rituale, die zuvor angelegt und trainiert worden sind. Im Rahmen dieser Rituale geht es aus psychologischer Perspektive darum, die Aktivierung und auch die gedankliche Landschaft auf die folgende Anforderung optimal auszurichten.

Kapitel 12
Wenn's schwierig wird: Plan B

Interessant wird es im Spitzensport immer dann, wenn's schwierig wird. Denn erst dann können sich Höchstleister abzeichnen und den Unterschied zwischen sich und anderen zeigen. Die Situationen, in denen es schwierig wird, sind auch die Momente, die für die Zuschauer den besonderen Nervenkitzel ausmachen: Schafft es der Sportler, trotz der widrigen Bedingungen erfolgreich zu sein? Wird er sich aktiv dagegenstemmen und noch weiterkämpfen, oder ergibt er sich der Situation und lässt sich gehen? Sportler, die schwierige Situationen meistern, Situationen, in denen es nicht einfach ist und in denen es nicht nach Plan läuft, werden häufig von Gegnern und Zuschauern besonders respektiert und geschätzt.

Doch welche Situationen werden im Allgemeinen von Sportlern und Mannschaften als schwierig eingeschätzt? Häufig sind es Situationen, die sich ergeben, weil sich im Wettkampf unerwartete oder unerwünschte Wendungen ergeben, etwa

- Situationen, in denen gravierende Fehler passieren und man deswegen im Wettkampf unerwartet deutlich oder frühzeitig in Rückstand gerät;
- Situationen, in denen die geplante Taktik oder Strategie nicht aufgeht oder der Gegner entsprechend wirkungsvoll agiert (häufig fühlen sich Sportler in derartigen Situationen unterlegen, weil der Gegner für die aktuelle Wettkampfsituation sehr viel besser vorbereitet erscheint), und

- Situationen, in denen man ungerecht behandelt wurde oder sich ungerecht behandelt fühlt (etwa durch Fehlentscheidungen des Schiedsrichters/Kampfrichters). Dabei ist es in Wettkampfsituationen unerheblich, ob man tatsächlich ungerecht behandelt wurde oder nicht. Es zählt nur die subjektive Einschätzung.

Schwierig wird es aber auch dann, wenn im Wettkampf die Leichtigkeit fehlt. Entgegengesetzt zum oben beschriebenen Flow-Zustand, den jeder Sportler herbeiwünscht und begrüßt, gibt es auch Tage, an denen nichts leichtfällt, an denen der Sportler das Gefühl hat, sich alles erarbeiten zu müssen, und nur wenig gelingen will. Legendär ist das Zitat des ehemaligen Fußballnationalspielers Andreas Brehme, der vergleichbare Situationen im Fußball mit dem Satz »Haste Scheiße am Fuß, haste Scheiße am Fuß …« beschrieb.

Was kann man tun, wenn's schwierig wird? Die hier vorgestellten Maßnahmen orientieren sich an den positiven Verarbeitungsstrategien bei Stress (Coping), die aus der wissenschaftlichen Auseinandersetzung mit der Stressverarbeitung resultieren.[145] Allerdings lässt sich in Wettkampfsituationen nicht jede positive Stressverarbeitungsstrategie wirkungsvoll anwenden. So ist zum Beispiel eine »Ersatzbefriedigung« als Stressverarbeitungsstrategie durchaus wirksam, im Wettkampf aber nicht sinnvoll einsetzbar. Insofern sind die hier beschriebenen Verarbeitungsstrategien wissenschaftlich fundiert und entsprechend belegt, aber auch in langjähriger Praxis mit Spitzensportlern erprobt und etabliert.

Im Folgenden werden als geeignete Verarbeitungsstrategien

- interne Kontrolle,
- externale Schuldzuweisung,

- Akzeptanz und Abwärtsvergleich sowie die
- Kontrolle externer Faktoren

ausführlich dargestellt.

Interne Kontrolle

In schwierigen Situationen ist es wichtig, mit den eigenen – in der Regel emotionalen – Reaktionen auf die Situation adäquat umzugehen. Bei einer unerwarteten, ungünstigen Wendung im Wettkampf wird erst mal das Assoziationssystem aktiviert: Das schnelle Denken liefert schnelle, emotionale und wenig rationale Lösungsvorschläge. Das heißt, hier ist langsames Denken gefragt, um die emotionale Reaktion im Sinne des weiteren Wettkampfverlaufs optimal zu kanalisieren. Emotionale Reaktionen gehen einher mit

- physiologischen Veränderungen,
- spezifischen Gedanken,
- subjektivem Gefühlserleben und
- einer Veränderung der Verhaltensbereitschaft.[146]

Der Umgang mit Emotionen wird im Laufe der persönlichen Entwicklung erlernt. Bei Kindern kann man diesen Entwicklungsprozess sehr gut beobachten. Kleinkinder leben jede Emotion frei und intensiv aus. Erst später lernen sie, die emotionale Reaktion zu internalisieren, sodass von außen nicht gleich ersichtlich ist, was in dem Kind eigentlich vor sich geht. Umgangssprachlich hat das Kind dann gelernt, sich »zusammenzureißen«. Wissenschaftlich unterscheidet man zwei unterschiedliche Strategien der Emotionsregulation: Entweder werden die sich gerade entwickelnden Emotionen in eine günstige Richtung gelenkt, zum Beispiel umbewertet

(Auslöserkontrolle), oder die entstandenen Emotionen werden unterdrückt beziehungsweise toleriert und hingenommen (Reaktionskontrolle).[147]

In der sportlichen Wettkampfsituation wird empfohlen, bereits frühzeitig bei der Emotionsentwicklung wachsam zu sein, also durch eine achtsame Wahrnehmung innerer Zustände rechtzeitig, beispielsweise durch Umbewertung, Relativierung, Ablenkung und Distanz zur emotionsauslösenden Ursache, das Entstehen einer ungünstigen Emotion zu verhindern (Auslöserkontrolle).

Ein eindrucksvolles Beispiel für eine solche frühzeitige Emotionsregulation gab es im Tennis beim Wimbledon-Finale zwischen John McEnroe und Björn Borg im Jahr 1981. In einer entscheidenden Situation gab der Schiedsrichter einen Aufschlag von McEnroe »Aus«, obwohl der Linienrichter diesen Ball »In« gesehen hatte. Durch diese Entscheidung bekam Borg Satzball und damit die Möglichkeit, nach dem ersten auch den zweiten Satz für sich zu entscheiden. McEnroe, für seine emotionalen Ausbrüche bekannt, galt als cholerischer und pöbelnder Spielertyp. Jeder Zuschauer im Centre Court von Wimbledon erwartete jetzt einen erneuten Ausbruch, aber McEnroe stand nur da, ging in die Knie und verharrte einige Augenblicke in dieser Position. Man fragte sich, was wohl in seinem Kopf vor sich ging. Nach einigen Sekunden ging er zum Aufschlag, servierte präzise und gewann den zweiten Satz. Schließlich gewann er auch noch den dritten und vierten Satz und siegte erstmals in einem Grand-Slam-Finale – in Wimbledon und noch dazu gegen seinen größten Herausforderer Björn Borg. McEnroe gelang es in dieser Situation also, entgegen seinem üblichen Verhalten die aufkommenden Emotionen rechtzeitig zu kanalisieren und sein Verhalten rational und situationsangemessen zu steuern.

Die Reaktionskontrolle zur Emotionsregulation, zum Beispiel das Unterdrücken der emotionalen Reaktion – ein Prozess, der auch als Inhibition bezeichnet wird –, ist auch in der sportlichen Wettkampfsituation hilfreich. Allerdings ist das Erkennen und fortlaufende aktive Unterdrücken der irrelevanten Handlung Aufgabe des bewussten Denkens. Das ist anstrengend und kostet Energie. Wenn der Stress hoch ist, können die Kapazität und das Arbeitsvermögen des bewussten Denkens erschöpft werden, sodass die Fähigkeit zur Inhibition leidet.

Vielleicht ist so das dramatisch unsportliche Verhalten von Zinedine Zidane im Finale der Fußballweltmeisterschaft 2006 zu erklären, als er seinen Gegenspieler Marco Materazzi in der Nachspielzeit mit einem absichtlichen Kopfstoß foulte und mit Platzverweis das Finale verlassen musste. Zidane war während des Spiels gegen Italien von seinem Gegenspieler Materazzi permanent provoziert worden, bis es dann in der 109. Minute zu der fatalen Reaktion kam. Materazzi sagte, er habe Zidane nur kurz am Trikot festgehalten. Darauf habe ihn der Franzose herablassend gemustert und gesagt, wenn er wolle, könne er das Trikot nach dem Spiel haben. Materazzi habe daraufhin auf vulgäre Art und Weise erwidert, Zidanes Schwester sei ihm lieber. Das war wohl zu viel. Zidane gelang es nicht mehr, die aggressive Reaktion gegen Materazzi zu unterdrücken. Das schnelle Denken hatte übernommen, weil das langsame Denken wohl erschöpft war.

Externale Schuldzuweisung

Eine weitere hilfreiche Strategie zur Bewältigung akuter schwieriger Situationen ist es, die Schuld woanders, aber nicht bei sich selbst zu suchen.[148]

Wenn es nicht läuft, wenn Fehler passieren, wenn der Gegner überlegen wirkt, liegt es eigentlich nahe, die Ursache dafür bei sich selbst zu suchen. Auf den ersten Blick erscheint dies auch im Sinne der eigenen Lernentwicklung sympathisch und vernünftig. Allerdings ist Selbstbeschuldigung in der akuten schwierigen Wettkampfsituation sogar kontraproduktiv. Den ungünstigen Wettkampfverlauf ausschließlich auf die eigene Unzulänglichkeit zurückzuführen, beeinträchtigt die Überzeugung von der eigenen Kompetenz. Diese Überzeugung ist jedoch eine wesentliche Voraussetzung dafür, dass die Automatismen des schnellen Denkens ablaufen können. Gerade dann, wenn es schwierig wird, sollte man sich nicht durch eine unangemessene Ursachenzuschreibung selbst im Weg stehen.

Ursachenzuschreibungen im Erfolgs- und Misserfolgsfall und deren Auswirkungen sind wissenschaftlich im Kontext der Leistungsmotivation sehr gut untersucht.[149] Man unterscheidet hier zwischen Personen, die in Anforderungssituationen erfolgsorientiert handeln, also unbedingt erfolgreich sein wollen, und solchen, die misserfolgsvermeidend agieren, sich also eher passiv und vorsichtig verhalten, um den drohenden Misserfolg zu vermeiden.

Dabei zeigten sich relativ stabile Muster in der Ursachenzuschreibung von Erfolg und Misserfolg. Eher erfolgsorientierte Menschen erklären Misserfolg durch äußere und vorübergehende Gründe (»Pech gehabt!«, »Die Bedingungen waren schlecht!«) und führen Erfolg innerlich und zeitlich stabil auf eigene Fähigkeiten zurück.

Häufig werden professionelle Sportler direkt nach dem Wettkampf zu eigener Leistung und Wettkampfverlauf befragt. Es kommt gar nicht selten vor, dass die Antwort auf die Frage »Was sagen Sie zu Ihrem Fehler?« mit »Welcher Fehler?« beantwortet wird. Im Wettkampf hat der Sportler den vermeintlichen Fehler mit äußeren Ursachen begründet, also die Schuld in den Fehlern von anderen oder in den Gegebenheiten gesucht. Somit hat er eigenes Versagen für sich ausgeschlossen und seine Kompetenzüberzeugung hochgehalten.

Dabei kann es auch hilfreich sein, wenn man zunächst den eigenen Anspruch, der bei Höchstleistern natürlich nahe der Perfektion lokalisiert ist, deutlich herunterschraubt. Heute wird man eben nicht glänzen, sondern heute wird es einfach und pragmatisch laufen – aber konsequent. Gerade dann geht es darum, besonders diszipliniert und akribisch die Kleinigkeiten abzuarbeiten. Versucht man dagegen jetzt, wenn's schwierig wird, das Besondere mit besonders starkem Willen zu erzwingen, gelingt unter Umständen sogar das eigentlich Einfache nicht mehr zuverlässig.

Akzeptanz und Abwärtsvergleich

In schwierigen Situationen hilft Selbstbeschuldigung nicht weiter. Dagegen hilft es, wenn man über eine positive Selbsteinschätzung der eigenen Kompetenz, diese Situation zu meistern, verfügt. Die meisten Informationen hierzu bietet ein Vergleich mit Personen, die mit vergleichbaren Fähigkeiten eine ähnlich schwierige Situation zu bewerkstelligen hatten.[150]

Generell hat der Vergleich mit anderen Menschen drei mögliche Richtungen:

- Der Horizontalvergleich liefert realistische Informationen, indem man sich mit Ähnlichen, Gleichgestellten, Peers vergleicht.
- Der Aufwärtsvergleich zielt auf Verbesserungsmöglichkeiten ab, indem man sich mit Menschen vergleicht, die im betreffenden Merkmal überlegen sind.

- Der Abwärtsvergleich dient dem Schutz des Selbstwertgefühls, indem man sich mit Menschen vergleicht, die im betreffenden Merkmal unterlegen sind.

Der Abwärtsvergleich ist auf Personen gerichtet, die in ähnlich schwierigen Situationen steckten wie man selbst, diese Situationen aber nicht so erfolgreich gemeistert haben. Menschen können ihr subjektives Wohlbefinden und ihr Selbstvertrauen durch den Vergleich mit »wahrscheinlich weniger erfolgreich Agierenden« erhöhen. Dabei geht es gar nicht darum, ob das faktisch auch richtig ist. Allein die subjektive Überzeugung, jetzt in der aktuell vorliegenden Situation besser zurechtzukommen als andere, wirkt unterstützend und bekräftigend.

Normalerweise sehen Menschen derartige abwärts gerichtete Vergleiche ambivalent: Zwar wird die eigene Zufriedenheit gefördert, aber der Abwärtsvergleich wird auch als arrogantes Verhalten wahrgenommen und interpretiert. In der aktuell schwierigen Situation wirken derartige Denkmuster allerdings regulativ und helfen, in der Situation zu bestehen und sie zu bewältigen.

Das bedeutet in der Praxis, dass es durchaus hilfreich ist, sich in schwierigen Situationen vor Augen zu führen, dass andere in einer vergleichbaren Situation sicher nicht so gut damit klarkämen wie man selbst. Das wirkt allerdings nur dann überzeugend, wenn eigene Stärken zur Bewältigung der Situation miteinbezogen werden (also: »Andere sind nicht so gut vorbereitet wie ich!«, »Andere haben nicht so gute körperliche Voraussetzungen!«, »Ich habe schon ganz andere Situationen gemeistert als andere!«). Eine positive Befindlichkeit – auch in schwierigen Situationen – stellt sich ein. Eine negative Befindlichkeit ist mit Leistung zum definierten Zeitpunkt, wenn's drauf ankommt, nicht vereinbar. Auch wenn's nicht so läuft, ist eine positive Befindlichkeit ausschlaggebend, um die Situation dennoch zu bewältigen.

Natürlich ist es angenehmer, wenn alles glattgeht und keine Schwierigkeiten auftreten. Und oft sind Schwierigkeiten, die in der Wettkampfsituation auftreten, auch nicht wirklich schlimm, sondern eben nur lästig. Jetzt kommt es darauf an, ob man der Schwierigkeit vielleicht sogar etwas Positives abgewinnen kann, die Situation so, wie sie ist, annimmt und akzeptiert: »Okay, es ist schwierig, na und?« Höchstleister benötigen schwierige Bedingungen geradezu, um sich von denen abzuheben, die weniger gut ausgebildet, trainiert oder widerstandsfähig sind. Im Sport finden sich immer wieder Situationen, die objektiv besonders schwierig sind, aber gerade deshalb auf viele Sportler eine spezielle Anziehungskraft ausüben. Sie empfinden es sogar als eine Auszeichnung und Ehre, sich diesen Schwierigkeiten aussetzen zu dürfen.

Die »Streif« in Kitzbühel gilt als die spektakulärste Ski-Rennpiste der Welt. Sie gilt als Höllenritt. Mit über 100 Stundenkilometern rasen die Fahrer ins Tal, Sprünge über 70 Meter sind möglich. Alle Fahrer haben Respekt vor diesem Rennen, viele sprechen offen von einer gewissen Angst, die mitfährt. Dennoch ist es etwas Besonderes, ist es eine Ehre, zu denen zu gehören, die an diesem Rennen teilnehmen und sich diesen speziellen Bedingungen stellen dürfen. Ähnlich verhält es sich beim Ironman auf Hawaii. Dieser Triathlon gilt ebenfalls als härtester in der Welt, da der Streckenverlauf mit den klimatischen Bedingungen der hawaiianischen Lavawüste (Hitze und stürmische Winde) besondere Schwierigkeiten verspricht. Allerdings kann man beim Ironman nicht einfach starten. Es gelten knallharte Qualifikationsbedingungen. Und wer sich letztlich für den Ironman auf Hawaii qualifiziert, ist stolz und sich der Ehre, dort starten zu dürfen, bewusst.

Erkenntnisse aus der Stressforschung belegen, dass eine besondere Schwierigkeit dann als Herausforderung und nicht als Bedrohung erlebt wird, wenn in der internen Abschätzung zwischen Erfordernissen der Situation und den eigenen verfügbaren Ressourcen ein gewisses Passungsverhältnis besteht: Man fühlt sich mit den eigenen Ressourcen der Anforderung gewachsen.[151] Ist dies der Fall, kann es auch gerne schwierig werden. Der Sportler fühlt sich der Situation gewachsen, und im Zeichen dieser positiven Befindlichkeit ist es möglich, sich mit konstruktiven und lösungsorientierten Selbstgesprächen der Aufgabe zuzuwenden. Es geht dabei nicht darum, sich gut zuzureden, sondern sich aus einer positiven und von den eigenen Kompetenzen überzeugten Grundhaltung heraus mit den nächsten Schritten der Aufgabenlösung zu beschäftigen.

Kontrolle externer Faktoren

Neben der Kontrolle und Regulation der eigenen inneren Landschaft, die zu einer Passung von Reaktion und gegebener Situation führt, gilt es natürlich auch, abzuwägen, wie die Situation selbst günstig zu beeinflussen ist. Welche Handlungsoptionen bestehen, um die schwierige Situation zum Guten zu wenden? Es ist dabei vor allem wichtig zu unterscheiden, was in der gegebenen Situation durch eigenes Handeln zu beeinflussen und zu ändern ist und was gegeben und nicht änderbar ist. In Dinge, die nicht zu ändern sind, lohnt es nicht, Energie und Zeit zu investieren.

Im Fußball gibt es in der Trainerausbildung die Warnung »Vorsicht: Energiefresser Schiedsrichter!«. Dennoch kann man fast an jedem Wochenende bei Fußballspielen beobachten, wie Spieler und Trainer mit viel Aufwand und Energie versuchen, Schiedsrichterentscheidungen anzufechten und rückgängig zu machen, zum Beispiel wenn der Schiedsrichter einen Platzverweis ausspricht und die Rote Karte zeigt – ein von vornherein aussichtsloses Unterfangen, das nur Energie kostet.

Auch im Alltag kann man sich dabei beobachten, wie man sich permanent über Dinge aufregt, die man nicht ändern kann, etwa die Wetterverhältnisse, den Stau auf der Autobahn, Zugverspätungen und Flugausfälle.

Was in einer Situation gegebenenfalls zu ändern ist, ist in vertrauten Umgebungen und Szenarien dem Experten sofort ersichtlich – er handelt, ohne abzuwägen. Wenn es aber ungewohnt und nicht vertraut ist und wenn sich dann ein Gefühl der Unsicherheit einstellt, helfen die antrainierten Automatismen nicht weiter. Gerade für komplexe und ungewohnte Situationen, in denen keine passende Reaktion im Vorfeld überlegt, trainiert und automatisiert werden konnte, empfiehlt sich zur Situationskontrolle ein Ansatz zur Vermeidung von Entscheidungsfehlern.

Die menschliche Fehleranfälligkeit ist abhängig vom Zeitdruck, der Komplexität der Arbeitsaufgabe und der Vertrautheit mit der Situation. So liegt die geschätzte Fehlerhäufigkeit bei Routineaufgaben bei ca. 1 zu 1000. Das heißt auch, dass man bei guter Vorbereitung, bekannten Szenarien und durchgespielten Reaktionsmanövern – wie in den meisten sportlichen Wettkämpfen – sich gut auf die bestehenden Automatismen verlassen kann. Sollen dagegen komplexe Aufgaben in ungewohnten und vor allem unsicheren Situationen unter Zeitdruck bearbeitet werden, passieren durchschnittlich in drei von zehn Fällen Fehler.[152]

In der Luftfahrt wurde festgestellt, dass in neuartigen, unbekannten und mit Unsicherheit verbundenen Situationen die zur Verfügung stehenden Heuristiken und Automatismen überzufällig häufig zu Fehlentscheidungen führen. Daher wurde ein spezielles Verfahren zur Fehlervermeidung entwickelt, das mittlerweile für Piloten zur Standardprozedur geworden ist. Das vom Deutschen Zentrum für Luft- und Raumfahrt entwickelte Verfahren »FOR-DEC« dient dazu, die Situation zu analysieren und somit dem gegebenenfalls Neuen und Komplexen eine Struktur zu geben.[153] Diese Analysen liefern Fakten, auf deren Basis Optionen und Risiken abgewogen werden können.

In ungewohnten und unsicheren Situationen ist es wichtig zu wissen, dass das schnelle Denken keine Logik kennt und daher dazu tendiert, die Wichtigkeit jener Fakten zu überschätzen, mit denen wir vertraut sind.[154]

Durch FOR-DEC sollen die Faktengewinnung und die darauf aufbauenden Entscheidungsschritte bewusst durch langsames Denken steuerbar und kontrollierbar gemacht werden. Das FOR-DEC-Verfahren setzt sich aus folgenden Komponenten zusammen:[155]

Facts	Welche Situation liegt vor?
Options	Welche Handlungsoptionen bieten sich an?
Risks & Benefits	Welche Risiken und Nutzen sind mit den jeweiligen Handlungsoptionen verbunden?
Decision	Welche Handlungsoption wird gewählt?

| Execution | Ausführung der gewählten Handlungs-option |
| Check | Führt der eingeschlagene Weg zum gewünschten Ziel? |

Entscheiden bedeutet auch immer das Opfern einer Alternative. Insofern symbolisiert der Bindestrich einen kurzen Moment des Innehaltens, bevor die favorisierte Option umgesetzt wird.

Häufig herrscht allerdings in Wettkampfsituationen Zeitdruck, und gerade dann, wenn es schwierig wird, bleibt wenig Zeit zum Innehalten und Abwägen. Die Entscheidung für eine Handlungsoption muss schnell erfolgen. Hier ist zu empfehlen, zunächst die Option auszuwählen, die die aktuelle Situation stabilisiert und möglichst weitere Zeitreserven bringt. Dabei ist es nicht wichtig, dass die absolut bestmögliche Entscheidung getroffen wird, sondern dass unmittelbar ein Weg gefunden wird, um eine weitere Verschlechterung der Situation zu verhindern. Robuste statt optimale Lösungen sind jetzt gefragt.[156] Es geht darum, eine Art mentalen Anker oder Rettungsring für diese schwierigen Situationen zur Verfügung zu haben, an den man sich klammern kann, wenn Katastrophendenken einzusetzen droht und man dazu neigt, mögliche Handlungsoptionen zur Bewältigung der Situation zu übersehen oder zu vergessen.

Wenn es schwierig wird, ist es hilfreich, die Ursache in äußeren situativen Parametern zu suchen, von den eigenen Fähigkeiten und Kompetenzen zur Bewältigung der Situation überzeugt zu sein und mit interner Kontrolle einen Zustand herbeizuführen, in dem man in der Lage ist, rational, kontrolliert und mit Logik die situativen Parameter in den Griff zu bekommen.

Mit diesen vier Regulationsstrategien – oder Kombinationen daraus, denn nicht immer lassen sich alle vier Strategien ein- und umsetzen – kann man schwierige Situationen angehen. Trotzdem werden in Situationen, die sich ungünstig entwickeln und in denen es doch schwieriger wird als gedacht, gelegentlich Gedanken im Kopf um sich greifen, die um Resignation, Flucht, Grübeln oder Selbstbeschuldigung kreisen. Diese Gedanken zu stoppen und durch entsprechend konstruktive Gedanken zu ersetzen, ist die zentrale Fertigkeit. Dies gelingt im Rahmen von systematisch trainierten Ritualen, die am besten in Pausen oder Wettkampfunterbrechungen durchgeführt werden können.

Zudem bietet es sich erneut auch in schwierigen Wettkampfsituationen an, soziale Unterstützung einzuholen. In vielen Sportarten kann der Trainer mittels Coaching helfend eingreifen oder es stehen Mitspieler und Mannschaftskollegen zur Verfügung. In seltenen Fällen können Externe (zum Beispiel Freunde und Bekannte) als Zuschauer an der Wettkampfstrecke soziale Unterstützung leisten oder dafür genutzt werden.

Helfende und soziale Unterstützung in schwierigen Situationen geht allerdings über Anfeuern und Daumendrücken hinaus. Damit in der entscheidenden Situation von außen tatsächlich Unterstützung kommt, müssen die Unterstützer zuvor systematisch informiert und einbezogen werden, damit sie dann genau wissen, was in dieser Situation hilfreich ist und was nicht.

So verhindert man, dass vermeintliche Unterstützung genau das Gegenteil bewirkt. Hierbei handelt es sich häufig um Missverständnisse. Der andere meint es oft sogar gut und kann nicht verstehen, warum die – in seinen Augen – aufmunternden Sätze in der bestimmten Situation gar nicht gut ankommen.

Mitten im Wettkampf geht es darum, mithilfe des bewussten, langsamen Denkens im Fokus zu bleiben, die Pausen und Unterbrechungen möglichst effektiv zu nutzen und sich besonders in schwierigen Phasen mit Bewältigungsstrategien konstruktiv zu unterstützen.

Epilog
Leistung ist nicht gleich Erfolg

Auf Søren Kierkegaard (1813–1855) geht das Zitat »Die Tür zum Glück geht nach außen auf – wer sie einzurennen versucht, der verschließt sie nur« zurück. Dieses Zitat rückt zum Schluss dieses Buches noch einen ganz wesentlichen Punkt in den Vordergrund: Bei aller Vorbereitung, allem Training, allen Mühen, aller Arbeit, bei aller Akribie und Disziplin in der Durchführung und beim konsequenten Einsatz vielfältiger mentaler Strategien – es kann niemand den Erfolg, den Sieg, das Gewinnen versprechen oder garantieren. Alles, was man in der Vorbereitung auf die Anforderungssituation und in deren Verlauf durchführt, soll natürlich dazu beitragen, dass man im Wettkampf oder in der entscheidenden Situation, wenn's drauf ankommt, seine maximale Leistung abrufen kann. Doch daran, dass aus Leistung Erfolg wird, sind auch Faktoren beteiligt, die man nicht beeinflussen kann.

Der Ansatz, gut sein zu wollen, wenn's drauf ankommt, unterscheidet sich vom Ansatz, erfolgreich sein zu wollen, wenn's drauf ankommt. Erfolg kann nicht gewollt werden, er kann sich nur einstellen. Wesentliche Faktoren dafür hat man selbst in der Hand, aber eben nicht alle.

Die Tür zum Erfolg geht »nach außen« auf und verschließt sich demjenigen, der ungestüm nach dem Erfolg verlangt oder gar versucht, die Türe einzudrücken oder einzutreten.[157] Wer in der Leistungssituation unbedingt erfolgreich sein will, vernachlässigt unter Umständen wichtige Faktoren des eigenen Tuns, die hierfür Voraussetzung sind. Es geht darum, mit maximalem Einsatz an diesen Voraussetzungen zu arbeiten und die optimale Umsetzung dieser Faktoren als Erfolg zu verbuchen.

Zu verstehen, dass in den wichtigsten Anforderungssituationen akribisch die Kleinigkeiten aufgearbeitet werden müssen, ist eine Haltung, die aus Objektivität und Vernunft resultiert und die letztlich dabei hilft, den eigenen Narzissmus zu überwinden. Nach Erich Fromm kann eine solche Haltung auch als Demut bezeichnet werden.[158] Eine in diesem Verständnis gelebte Demut ist ein wichtiger Erfolgsfaktor, vor allem dann, wenn man schon Erfolg gehabt hat. Es geht immer wieder darum, akribisch die notwendigen Kleinigkeiten zu bearbeiten – als Voraussetzung dafür, erneut erfolgreich sein zu können.

Es ist immer wieder interessant, wenn sehr erfolgreiche Menschen berichten, wie sie in die Normalität zurückfinden und so den Narzissmus überwinden. Jürgen Klopp beschreibt in einem Interview, wie er nach dem erneuten Gewinn der deutschen Fußballmeisterschaft mit Borussia Dortmund im Jahre 2012 den Weg zurück in die Realität oder Normalität erlebte: »Ich hatte am Montagmorgen nach der Meisterschaft dieselben Probleme wie am Samstagmorgen vor der Meisterschaft. Und mein Aufschlag auf den Boden der Realität war überaus drastisch. In der Nacht von Sonntag auf Montag war ich viermal mit unserem Hund im Garten und habe mich nass regnen lassen. Denkt man ja auch nicht, dass man gerade den Titel verteidigt hat und in der zweiten Nacht danach seinem durchfallkranken Hund zuschaut. Es war ein richtiges Zurückholen und hat gezeigt, es verändert sich einfach wenig. (…) Es verändern sich sicher die Dinge um einen herum und man muss sein Verhalten anpassen. (…) Aber meine Selbstwahrnehmung und die Wahrnehmung der Menschen mir gegenüber, die mir wichtig sind, ändern sich nicht. Ich glaube, eine gewisse Intelligenz reicht aus, um komplett klar zu bleiben«.[159]

Die aus Objektivität und Vernunft resultierende demütige Haltung in Situationen, wenn's drauf ankommt, kann letztlich auch zu einer Art Gelassenheit führen. Wenn es tatsächlich nicht möglich ist, willentlich und aktiv erfolgreich zu sein, dann stellt dies auch eine Entlastung für die Situation, wenn's drauf ankommt, dar. Einerseits für den Moment, in dem man gefordert ist und die Leistung abrufen soll, andererseits aber auch für den möglichen Fall des Misserfolgs. Denn auch das kann passieren – alles richtig gemacht, top vorbereitet, mental stark und trotzdem verloren. Für die persönliche Bilanz nach einem Misserfolg ist es aber wichtig, bei der Analyse zu unterscheiden zwischen leistungsbestimmenden Faktoren, die man selbst in der Hand hat, und Faktoren, die extern und nicht beeinflussbar sind. Diese Einstellung wurde als Gelassenheitsgebet Reinhold Niebuhr zugeschrieben und lautet: »Gott, gib mir die Gelassenheit, Dinge hinzunehmen, die ich nicht ändern kann, den Mut, Dinge zu ändern, die ich ändern kann, und die Weisheit, das eine vom anderen zu unterscheiden.«

Anmerkungen

1 Hambüchen 2017, S. 135
2 vgl. Eberspächer 2012
3 zitiert bei Hermann & Mayer 2011, S. 9
4 vgl. Hermann & Mayer 2014
5 von Foerster & Pörksen 1993
6 Balgo 1998
7 Watzlawick 1998
8 vgl. Eagleman 2013
9 Carter et al. 2014
10 vgl. Pressey 1970
11 vgl. von Foerster & Pörksen 1993 (Titel des Buches)
12 Eurosport 21.02.2006
13 Hermann & Mayer 2014
14 »Im Körper der Topathleten – Teil 1«, ARTE 2008
15 Kahneman 2016
16 vgl. Libet 2004
17 Eagleman 2017
18 Eagleman 2017
19 Eagleman 2017
20 vgl. Mulder 2006
21 vgl. Frederick 2005
22 Kahneman 2016
23 vgl. Eagleman 2013
24 vgl. Lewin 1968
25 Eagleman 2013
26 Eagleman 2017, S. 100
27 vgl. Libet 2004
28 Libet 2004
29 Botvinick & Cohen 1998
30 Liepelt et al. 2016
31 Montague 2007
32 vgl. Eagleman 2013
33 vgl. Carter et al. 2014

34 Eagleman 2013
35 Castrol Edge/Sky Sports 2011
36 Hermann & Mayer 2014
37 Gigerenzer 2008
38 vgl. Beilock 2011
39 Klein et al. 1995
40 Johnson & Raab 2003
41 Klein 2003
42 Eagleman 2013
43 Gigerenzer 2008
44 vgl. Klein 2003
45 Kahneman 2016
46 Gigerenzer 2008
47 Eagleman 2013
48 Carter et al. 2014
49 Crews & Landers 1993, Haufler 2002
50 Eagleman 2017, S. 93
51 Eagleman 2017
52 Eagleman 2017
53 Bandura 1966
54 Moritz et al. 2000
55 Burke & Jin 1996
56 zum Beispiel Hepler & Feltz 2012
57 *Der Spiegel* vom 08.02.2010, Cathrin Gilbert, S. 112
58 vgl. Mayer & Hermann 2014
59 vgl. Hermann & Mayer 2014
60 Bandura 1997
61 Ericsson, Krampe & Tesch-Römer 1993
62 Ericsson & Pool 2017
63 Diese 10.000 Stunden entsprechen der Anzahl der Übungs-
    stunden, die in der Studie von Ericsson, Krampe & Tesch-Rö-
    mer (1993) Studenten einer Musikakademie bis zum 20. Le-
    bensjahr durchschnittlich investierten. Dabei haben Musiker
    in diesem Alter ihr Können meistens noch nicht voll ausge-
    bildet.
64 Macnamara, Hambrick & Oswald 2014
65 Ericsson & Pool 2017

66 Hermann 2001

67 vgl. Hermann & Mayer 2014

68 Selye 1953

69 vgl. Siegrist 2015, Kaluza 2015

70 Selye 1980

71 Baumeister & Tierney 2014

72 Danziger et al. 2011

73 Baumeister & Tierney 2014

74 vgl. Bandura 1977

75 Vaitl & Petermann 2014

76 Kühnel & Sonntag 2011

77 Eberspächer 2008

78 Eberspächer 2009

79 vgl. Eberspächer 2012

80 Mayer & Hermann 2015

81 Kahneman 2016

82 Mayer & Hermann 2015

83 Mayer & Hermann 2015

84 Eagleman 2017, S. 68

85 vgl. Rizzolatti et al. 1996

86 vgl. Iacoboni et al. 1999 und Avikainen et al. 2002

87 Eagleman 2017

88 vgl. Beilock 2011

89 Eberspächer 2012, S. 37 und 165

90 vgl. Ellis 1993

91 Rheinberg 2008

92 Rheinberg 2008

93 McGonigal 2012

94 Mischel 2015

95 Mischel et al. 1989

96 Ein zentraler Ausgangspunkt zum Verständnis von Selbstgesprächen waren die Arbeiten des sowjetischen Wissenschaftlers Lew Wygotzki (1934). Wygotzki interessierte sich insbesondere für die kindliche Entwicklung und den Einfluss von Selbstgesprächen darauf sowie für deren Ausprägung.

97 van Raalte et al. 2016

98 Polivy & Herman 1985

99 McGonigal 2012

100 vgl. Khan & Dhar 2006

101 McGonigal 2012

102 Bölts & Kullmann 2006

103 Thaler & Sunstein 2010

104 Sony Pictures 2009

105 Yerkes & Dodson 1908

106 Heinen 2000

107 Eberspächer 2009

108 Cuddy, Wilmuth & Carney 2012; Carney, Cuddy & Yap 2010

109 Arnette & Pettyjohn 2012

110 vgl. dazu zusammenfassend Mayer & Hermann 2015

111 vgl. u. a. Page et al. 1999; Morris et al. 2005; Levy et al. 2011

112 Ungerleider et al. 1989; Ungerleider & Golding 1991

113 Eagleman 2013

114 Rauch et al. 1999, Costa et al. 2010, MacInnes 2015

115 Short et al. 2005

116 Hansen & Wänke 2009

117 Ulfert 2016

118 vgl. Mayr & Buchner 2007

119 Bargh, Chen & Burrows 1996

120 vgl. Hanson & Krüger 2013

121 Ashcraft & Kirk 2001

122 Peters 2012

123 Kirschbaum et al. 1993

124 Martiny & Götz 2011

125 Bolte, Goschke & Kuhl 2003

126 Mednick 1962

127 vgl. Greve 2013

128 Katzenbach & Smith 2003

129 Interview im ZDF, 30.06.2014

130 vgl. Beilock 2011

131 Nideffer 1976

132 *Der Spiegel* vom 02.08.2010, Lukas Eberle, S. 99

133 Csíkszentmihályi 2010

134 Csíkszentmihályi 2017, S. 75

135 Hermann & Mayer 2014, S. 77

136 Kahneman 2016

137 vgl. Mayer & Hermann 2015, S. 11

138 Eberspächer 2009

139 Klein 2006

140 Strayer & Johnston 2001

141 Lien et al. 2006

142 Klein 2006

143 Kahneman 2016

144 Aufgrund der evolutionär bedingten negativen Verzerrung unserer Wahrnehmung ist unser Gehirn sensibilisiert für alles Negative und potenziell Bedrohliche. Das aktive Erkennen von positiven Erlebnissen ist eine wichtige Quelle für die eigene Kompetenzüberzeugung. Der Spieler muss aktiv dafür sorgen, dass positive Elemente der letzten Aktionen einen bleibenden Wert erhalten (vgl. Hanson & Krüger 2013).

145 Janke & Erdmann 2008

146 Holodynski 2006

147 Gross 1998

148 In einer akut schwierigen Situation ist die externale Schuldzuweisung ein hilfreicher Selbstschutz, Eberspächer (2009, S. 142) spricht hier von einem vorübergehend einzusetzenden »Notfallmedikament«. Auf lange Sicht würde diese Form der Psychohygiene jedoch zu Realitätsverlust und inadäquaten Selbstbildern führen. In der Aufarbeitung nach dem Wettkampf sind objektive Analysen zu empfehlen.

149 Rheinberg 2008

150 vgl. Festinger 1954

151 Lazarus & Folkman 1984

152 Bubb 2005

153 Hörmann 1995

154 Kahneman, Slovic & Tversky 1982

155 Hörmann 1995

156 Gigerenzer 2013

157 Frankl 2015

158 Fromm 2005

159 *FAZ* vom 03.05.2012, Richard Leipold und Peter Penders, online unter http://www.faz.net/aktuell/sport/fussball/bundes

liga/juergen-klopp-im-f-a-z-gespraech-fuer-uns-gibt-es-eine-historische-chance-11738896-p5.html, zuletzt abgerufen am 01.02.2018

Literatur

Arnette, S. L. & Pettyjohn, Terry F. (2012). »The Effects of Posture on Self-Perceived Leadership«, *International Journal of Business & Social Science* 3 (14), 8–13.

Ashcraft, M. H. & Kirk, E. P. (2001). »The Relationships among Working Memory, Math Anxiety, and Performance«, *Journal of Experimental Psychology: General* 130, 224–237.

Avikainen, S., Forss, N. & Hari, R. (2002). »Modulated Activation of the Human SI and SII Cortices during Observation of Hand Actions«, *Neuroimage* 15, 640–646.

Balgo, R. (1998). *Bewegung und Wahrnehmung als System.* Schorndorf: Hofmann.

Bandura, A. (1997). *Self-Efficacy: The Exercise of Control.* New York: W.H. Freeman and Company.

Bandura, A. (1966). »Role of Vicarious Learning in Personality Development«, in: *Proceedings of the XVIIIth International Congress of Psychology: Social Factors in the Development of Personality.* Moskau.

Bargh, J. A., Chen, M. & Burrows, L. (1996). »Automaticity of Social Behavior: Direct Effects of Trait Construct and Stereotype Activation on Action«, *Journal of Personality and Social Psychology* 71 (2), 230–244.

Baumeister, R. & Tierney, J. (2014). *Die Macht der Disziplin. Wie wir unseren Willen trainieren können.* Frankfurt/Main: Campus.

Beilock, S. (2011). *Choke: What the Secrets of the Brain Reveal about Getting It Right When You Have To.* New York: Free Press.

Berking M. (2015). »Ausgangspunkt: Emotionsregulation und psychische Gesundheit«, in: Berking, M., *Training emotionaler Kompetenzen.* Berlin, Heidelberg: Springer, 5–11.

Bolte, A., Goschke, T. & Kuhl, J. (2003). »Emotion and Intuition: Effects of Positive and Negative Mood on Implicit Judgments of Semantic Coherence«, *Psychological Science* 14 (5), 416–421.

Botvinick, M. & Cohen, J. (1998). »Rubber Hands ›Feel‹ Touch That Eyes See«, *Nature* 391 (6669), 756.

Bubb, H. (2005), »Human Reliability: A Key to Improved Quality in Manufacturing«, *Hum. Factors Man.* 15, 353–368.

Burke, S. T. & Jin, P. (1996). »Predicting Performance from a Triathlon Event«, *Journal of Sport Behavior* 19, 272–287.

Bölts, U., & Kullmann, K. D. (2006). *Quäl dich, du Sau!* Covadonga-Verlag.

Carney, D. R., Cuddy, A. J. C. & Yap, A. J. (2010). »Power Posing: Brief Nonverbal Displays Affect Neuroendocrine Levels and Risk Tolerance«, *Psychological Science* 21 (10), 1363–1368.

Carter, R., Aldridge, S., Page, M. & Parker, S. (2014). *The Brain.* London, New York, Melbourne: DK.

Costa, V. D., Lang, P. J., Sabatinelli, D., Versace, F. & Bradley, M.M. (2010). «Emotional Imagery: Assessing Pleasure and Arousal in the Brain's Reward Circuitry«, *Human Brain Mapping* 31 (9), 1446–1457.

Crews, D. J. & Landers, D. M. (1993). »Electroencephalographic Measures of Attentional Patterns Prior to the Golf Putt«, *Medicine & Science in Sport and Exercise* 25, 116–126.

Csíkszentmihályi, M. (2017). *Flow: Das Geheimnis des Glücks.* Stuttgart: Klett-Cotta.

Csíkszentmihályi, M. (2010). *Das Flow-Erlebnis: Jenseits von Angst und Langeweile im Tun aufgehen.* Stuttgart: Klett-Cotta.

Cuddy, A. J. C., Wilmuth C. A. & Carney D. R. (2012). »The Benefit of Power Posing Before a High-Stakes Social Evaluation«, *Harvard Business School Working Paper* No. 13–27.

Danziger, S., Levav, J. & Avnaim-Pesso, L. (2011). »Extraneous Factors in Judicial Decisions«, *Proceedings of the National Academy of Sciences of the United States of America* 108 (17), 6889–6892.

Eagleman, D. (2013). *Inkognito. Die geheimen Eigenleben unseres Gehirns.* Frankfurt/Main: Campus.

Eagleman, D. (2017). *The Brain. Die Geschichte von dir.* München: Pantheon.

Eberle, L. (02. August 2010). »Schwarze Gedanken«. *Spiegel Online.* Abgerufen von http://www.spiegel.de/spiegel/print/d-724 62760.html.

Eberspächer, H. (2012). *Mentales Training: Das Handbuch für Trainer und Sportler.* München: Compress.

Eberspächer, H. (2009). *Ressource Ich. Der ökonomische Umgang mit Stress.* München: Hanser.

Eberspächer, H. (2008). *Gut sein, wenn's drauf ankommt: Erfolg durch mentales Training.* München: Hanser.

Ellis, A. (1993). »Fundamentals of Rational-Emotive Therapy for the 1990s«, in: W. Dryden & L. K. Hill (Hrsg.), *Innovations in Rational-Emotive Therapy.* Newbury Park: Sage, 1–32.

Ericsson, K. A. & Pool, R. (2017). *Peak: Secrets from the New Science of Expertise.* London: Penguin Random House.

Ericsson, K. A., Krampe, R. Th. & Tesch-Römer, C. (1993). »The Role of Deliberate Practice in the Acquisition of Expert Performance«, *Psychological Review* 100 (3), 363–406.

Festinger, L. (1954). »A Theory of Social Comparison Processes«, *Human Relations* 7, 117–140.

Frankl, V. E. (2015). *Es kommt der Tag, da bist du frei. Unveröffentlichte Briefe, Texte und Reden.* München: Kösel.

Frederick, S. (2005). »Cognitive Reflection and Decision Making«, *Journal of Economic Perspectives* 19 (4), 25–42.

Fromm, E. (2005). *Die Kunst des Liebens.* Berlin: Ullstein.

Gigerenzer, G. (2013). *Risiko: Wie man die richtigen Entscheidungen trifft.* München: btb.

Gigerenzer, G. (2008). *Rationality for Mortals.* New York: Oxford University Press.

Goethe, Johann Wolfgang von, *Schriften zur Literatur*, Berliner Ausgabe, Aufbau Verlag 1980, Bd. 18, S. 584 (»Aus Makariens Archiv«, *Wilhelm Meisters Wanderjahre*, 1821, 71. Kapitel).

Greve, N. (2013). »Reframing«, in: Senf, W., Broda, M. & Wilms, B. (Hrsg.), *Techniken der Psychotherapie. Ein methodenübergreifendes Kompendium.* Stuttgart: Thieme.

Gross, J. J. (1998). »Antecedent- and Response-Focused Emotion Regulation: Divergent Consequences for Experience, Expression, and Physiology«, *Journal of Personality and Social Psychology* 74 (1), 224–237.

Hambüchen, F. (2017). *Den Absprung wagen. Stürzen, aufstehen, siegen lernen.* München: Ariston.

Hanin, Y. L. (2000). *Emotions in Sport*. Champaign, IL: Human Kinetics.

Hannawald, S. (2013). *Mein Höhenflug, mein Absturz, meine Landung im Leben*. Gütersloh: Zabert Sandmann.

Hansen, J. & Wänke, M. (2009). »Think of Capable Others and You Can Make It! Self Efficacy Mediates the Effect of Stereotype Activation on Behavior«, *Social Cognition* 27 (1), 76–88.

Hanson, R. & Krüger, K. (2013). *Denken wie ein Buddha: Gelassenheit und innere Stärke durch Achtsamkeit. Wie wir unser Gehirn positiv verändern*. München: Irisiana.

Haufler, A. J. (2002). »Neuro-Cognitive Activity during a Self-Paced Visuospatial Task: Comparative EEG Profiles in Marksmen and Novice Shooters«, *Biological Psychology* 53, 131–160.

Hepler T. J. & Feltz, D. L. (2012). »Take the First Heuristic, Self-Efficacy, and Decision Making in Sport«, *Journal of Experimental Psychology* 18 (2), 154–161.

Hermann, H.-D. (2001). *Mediatoren und Modifikatoren der Belastungsreaktionen nach Sportverletzungen. Beiträge zu einem interdisziplinären Modell*. Hamburg: Kovac.

Hermann, H.-D. & Mayer, J. (2014). *Make them go! Was wir von Coaching der Spitzensportler lernen können* (4. Aufl.). Hamburg: Murmann.

Holodynski, M. (2006). *Emotionen – Entwicklung und Regulation*. Heidelberg: Springer.

Hörmann, H. J. (1995). »FOR-DEC. A Prescriptive Model for Aeronautical Decision Making«, in: R. Fuller, N. Johnston, & N. McDonald (Hrsg.), *Human Factors in Aviation Operations. Proceedings of the 21st Conference of the European Association for Aviation Psychology (EAAP)*. Aldershot, UK: Avebury Aviation, Bd. 3, 17–23.

Iacoboni, M. et al. (1999). »Cortical Mechanism of Human Imitation«, *Science* 286, 2526ff.

Im Körper der Topathleten – Teil 1. TV-Dokumentation, Arte, 2008.

Janke, W. & Erdmann, G. (2008). *Stressverarbeitungsfragebogen*. Göttingen: Hogrefe.

Johnson, J. G. & Raab M. (2003). »Take the First: Option-Generation and Resulting Choices«, *Organizational Behavior and Human Decision Processes* 91, 215–229.

Kahneman, D. (2016). *Schnelles Denken, langsames Denken*. München: Siedler Verlag.

Kahneman, D., Slovic, P. & Tversky, A. (1982). *Judgment under Uncertainty: Heuristics and Biases*. Cambridge, New York: Cambridge University Press.

Kaluza, G. (2015). *Stressbewältigung: Trainingsmanual zur psychologischen Gesundheitsförderung*. Berlin u.a.: Springer.

Katzenbach, J. R. & Smith, D. K. (2003). *On Teams*. Boston: Harvard Business School Publishing.

Khan, U. & Dhar, R. (2006). »Licensing Effect in Consumer Choice«, *Journal of Marketing Research* 43 (2), 259–266.

Kirschbaum, C., Pirke, K.-M. & Hellhammer, D. H. (1993). »The ›Trier Social Stress Test‹ – A Tool for Investigating Psychobiological Stress Responses in a Laboratory Setting«, *Neuropsychologie* 28, 76–81.

Klein, S. (2006). *Zeit. Der Stoff, aus dem das Leben ist. Eine Gebrauchsanweisung*. Frankfurt/Main: Fischer.

Klein, G. (2003). *Natürliche Entscheidungsprozesse. Über die »Quellen der Macht«, die unsere Entscheidungen lenken*. Paderborn: Junfermann.

Klein, G., Wolf, S., Militello, L. & Zsambok, C. (1995). »Characteristics of Skilled Option Generation in Chess«, *Organizational Behavior and Human Decision Processes* 62 (1), 63–69.

Kühnel, J. & Sonntag, S. (2011). »How Long Do You Benefit from Vacation? A Closer Look at the Fade-Out of Vacation Effects«, *Journal of Organizational Behavior* 32, 125–143.

Lazarus, R. S. & Folkman, S. (1984). *Stress, Appraisal, and Coping*. Berlin, Heidelberg, New York: Springer.

Levy, A. R., Nicholls, A. R. & Polman, R. C. J. (2011). »Pre-Competitive Confidence, Coping, and Subjective Performance in Sport«, *Scandinavian Journal of Medicine & Science in Sports* 21, 721–729.

Lewin, K. (1968). *Die Lösung sozialer Konflikte – Ausgewählte Abhandlungen über Gruppendynamik*. Bad Nauheim: Christian.

Libet, B. (2004): *Mind Time. Wie das Gehirn Bewusstsein produziert.* Frankfurt/Main: Suhrkamp.

Lien, M.-C., Allen, P. A., Ruthruff, E., Grabbe, J., McCann, R. S. & Remington, R. W. (2006). »Visual Word Recognition without Central Attention: Evidence for Greater Automaticity with Advancing Age«, *Psychology and Aging* 21 (3), 431–447.

Liepelt, R., Dolk, T. & Hommel, B. (2016). »Self-Perception beyond the Body: The Role of Past Agency«, *Psychological Research* 81(3), 549–559.

MacInnes, J. J. (2015). *Cognitive Neurostimulation: Learning to Volitionally Invigorate Mesolimbic Reward Network Activation.* Duke University: Department of Psychology & Neuroscience.

Macnamara, B. N., Hambrick, D. Z. & Oswald, F. L. (2014). Deliberate Practice and Performance in Music, Games, Sports, Education, and Professions: A Meta-Analysis. *Psychological Science.* Vol 25, Issue 8, pp. 1608–1618.

Martiny, S. E. & Götz, Th. (2011). »Stereotype Threat in Lern- und Leistungssituationen: Theoretische Ansätze, empirische Befunde und praktische Implikationen«, in: M. Dresel & L. Lämmle (Hrsg.), *Motivation, Selbstregulation und Leistungsexzellenz.* Berlin u. a.: Lit-Verlag, 153–178.

Mayer, J. & Hermann, H.-D. (2015). *Mentales Training* (3. Aufl.). Heidelberg u. a.: Springer.

Mayer, J. & Hermann, H.-D. (2014). *Sportpsychologie im Nachwuchsfußball. Mentale Fertigkeiten entwickeln und trainieren.* Frankfurt: Deutscher Fußball-Bund.

Mayr, S. & Buchner A. (2007). »Negative Priming as a Memory Phenomenon«, *Journal of Psychology* 215 (1), 35–51.

McGonigal, K. (2012). *Bergauf mit Rückenwind: Willenskraft effizient einsetzen.* München: Goldmann.

Mednick, S. A. (1962). »The Associative Basis of the Creative Process«, *Psychogical Review* 69 (3), 220–232.

Mischel, W., Shoda, Y. & Rodriguez, M. L. (1989). »Delay of Gratification in Children«, *Science* 244, 933–938.

Mischel, W. (2015). *Der Marshmallow-Test.* München: Siedler.

Montague, R. (2007). *Your Brain is Almost Perfect: How We Make Decisions.* London: Plume.

Moritz, S. E., Feltz, D. L., Fahrbach, K. R. & Mack, D. E. (2000). »The Relation of Self Efficacy Measures to Sport Performance: A Meta-Analytic Review«, *Research Quarterly for Exercise and Sport* 71 (3), 280–294.

Morris, T., Spittle, M. & Watt, A. (2005). *Imagery in Sport.* Champaign, IL: Human Kinetics.

Mulder, T. (2006). *Das adaptive Gehirn: Über Bewegung, Bewusstsein und Verhalten.* Leipzig: Thieme.

Nideffer, R. M. (1976). »Test of Attentional and Interpersonal Style«, *Journal of Personality and Social Psychology* 34, 394–404.

Page, S. J., Sime, W. & Nordell, K. (1999). »The Effect of Imagery on Female College Swimmers‹ Perception of Anxiety«, *The Sport Psychologist* 13, 458–469.

Petermann, F. & Vaitl, D. (2014). *Entspannungsverfahren. Das Praxishandbuch.* Weinheim: Beltz.

Peters, A. (2012). *Das egoistische Gehirn: Warum unser Kopf Diäten sabotiert und gegen den eigenen Körper kämpft.* Berlin: Ullstein.

Polivy, J., & Herman, C. P. (1985). »Dieting and Binging: A Causal Analysis«, *American Psychologist* 40 (2), 193–201.

Pressey, A. W. (1970). »The Assimilation Theory Applied to a Modification of the Müller-Lyer Illusion«, *Perception & Psychophysics* 8 (6), 411f.

Rauch, S. L., Shin, L. M., Dougherty, D. D., Alpert, N. M., Orr, S. P., Lasko, M., Macklin, M. L., Fischman, A. J. & Pitman, R. K. (1999). »Neural Activation during Sexual and Competitive Arousal in Healthy Men«, *Psychiatry Research: Neuroimaging* 91, 1–10.

Rheinberg, F. (2008). *Motivation.* Stuttgart: Kohlhammer.

Rizzolatti, G. et al. (1996). »Premotor Cortex and the Recognition of Motor Actions«, *Cognitive Brain Research* 3, 131–141.

Selye, H. (1953). *Einführung in die Lehre vom Adaptationssyndrom.* Stuttgart, New York: Thieme.

Selye, H. (1980). *Selye's Guide to Stress Research.* New York: Van Nostrand Reinhold.

Short, E. S., Tentute, A. & Feltz, D. L. (2005). »Imagery Use in Sport: Mediational Effects for Efficacy«, *Journal of Sports Sciece* 23, 951–960.

Siegrist, J. (2015). *Arbeitswelt und stressbedingte Erkrankungen: Forschungsevidenz und präventive Maßnahmen.* München: Urban & Fischer.

Strayer, D. L. & Johnston, W. A. (2001). »Driven to Distraction: Dual-Task Studies of Simulated Driving and Conversing on a Cellular Telephone«, *Psychological Science* 12 (6), 462–466.

Thaler, R. H., Sunstein, C. R. & Bausum, C. (2010). *Nudge: Wie man kluge Entscheidungen anstößt.* Berlin: Ullstein.

Tyson: Der Mann. Der Mythos. Die Wahrheit. Regie: James Toback. USA: Sony Pictures, 2009.

Ulfert, A.-S. (2016). *Effekte von Priming auf Selbstwirksamkeit und Zielsetzung.* Diss. Gießen: Justus-Liebig- Universität.

Ungerleider, S. & Golding, J. (1991). »Mental Practice among Olympic Athletes«, *Perceptual and Motor Skills* 72, 1007–1017.

Ungerleider, S., Golding, J., Porter, K. & Foster, J. (1989). »An Exploratory Examination of Cognitive Strategies Used by Masters Track and Field Athletes«, *The Sport Psychologist* 3, 245–253.

Van Raalte, J. L., Vincent, A. & Brewer, B. W. (2016). »Self-Talk: Review and Sport Specific Model«, *Psychology of Sport and Exercise* 22, 139–148.

Von Foerster, H. & Pörksen, B. (1993). *Wahrheit ist die Erfindung eines Lügners.* Heidelberg: Carl-Auer-Systeme Verlag.

Vygotskij, L. S. (1934/2002). *Denken und Sprechen.* Weinheim, Basel: Beltz.

Watzlawick, P. (1998). *Wie wirklich ist die Wirklichkeit?* München: Piper.

Yerkes, R. M. & Dodson, J. D. (1908). »The Relation of Strength of Stimulus to Rapidity of Habit-Formation«, *Journal of Comparative Neurology and Psychology* 18, 459–482.